Petit guide juridique pratique de la robotique

Yves BISMUTH

PETIT GUIDE JURIDIQUE PRATIQUE DE LA ROBOTIQUE

Préface de Bruno Bonnell

L'Harmattan

5-7, rue de l'École-Polytechnique ; 75005 Paris
http://www.editions-harmattan.fr
ISBN : 978-2-343-16337-6
EAN : 9782343163376

SOMMAIRE

PREFACE

L'accélération technologique est un cercle...vertigineux. Pour de nombreux citoyens, mais aussi d'entreprises, le sentiment diffus d'être en perpétuel dépassement grandit. On a l'impression d'un far-west technologique où la règle est celle de celui qui dégaine son robot plus vite que son ombre et que « l'usage fait la loi ».

On construit des colloques rappelant la nécessaire éthique qui ne doit pas rendre le profit aveugle mais *Robolution* que de limites sont franchies en ton nom !

C'est pourquoi, il est important de poser quelques balises sur la route du progrès et ce guide juridique pratique en constitue une d'importance.

Tout d'abord en recentrant les sujets sans déborder sur la science-fiction ou le fantasmes, l'auteur canalise les questions pratiques sur les robots, l'intelligence artificielle, les véhicules autonomes ou les drones.

Ces précisions ne sont pas que de formes. Elles permettent de cadrer les capacités actuelles de ces technologies et de les projeter raisonnablement dans un futur proche. Élaborer des règles sur des anticipations trop lointaines aurait en effet deux risques majeurs : se tromper dans les évolutions technologiques et bloquer l'innovation.

Sur le premier point, les exemples de chemins technologiques inattendus foisonnent : l'automobile conçue pour remplacer les fiacres et qui devint un moyen de locomotion individuel sans « cocher », la disparition des transatlantiques au bénéfice des avions, la disparition de la photographie argentique...

Sur le second, toute contrainte initiale trop forte empêche la créativité indispensable et l'expérimentation de nouvelles alternatives technologiques.

Les nombreux exemples qui parsèment ce guide démontrent le bouillonnement d'idées, de concepts qui

s'expriment à travers une multitude de projets. Ces illustrations montrent la complexité à déjà trop légiférer sur ces secteurs en constant mouvement brownien.
Le risque est d'avoir soit un temps d'avance, soit un train de retard vue la célérité des innovations.
On ne peut toutefois laisser croître un jardin de jeunes pousses sans quelques tuteurs et c'est l'intérêt de cet ouvrage que de détailler simplement les différentes réflexions et parfois décisions juridiques sur certaines activités.
Ce guide s'impose en boussole dans une jungle encore primaire de la réglementation de ces nouveaux systèmes qui sont la troisième révolution sociétale. Après l'outil qui a sédentarisé l'Homme, les machines qui l'ont plongé dans la révolution industrielle, voici le temps des robots où nous devrons partager décisions et responsabilités avec des programmes d'Intelligence Artificielle.
C'est un territoire de réinvention totale des attitudes et procédés, un changement de référentiel que le législateur doit prendre en compte. Dans ce monde, on ne conduit ou ne pilote plus, on fait confiance à des algorithmes, on se fait opérer par des systèmes sans interventions humaines...dans ce monde notre rapport à la responsabilité est bouleversé. Les réflexions sur les lois et règlements s'en trouvent profondément modifiées.
Établir une base de réflexion juridique en lui donnant l'agilité du Monde qu'elle souhaite décrire sous l'angle légal est le pari réussi de cet ouvrage qui, sans aucun doute, se complètera au fil de l'actualité technologique, les lois de la robotique étant en constante évolution.

Bruno Bonnell, octobre 2018

INTRODUCTION

2018 : Une année placée sous le signe de l'intelligence artificielle

1. Au fil du temps, l'intelligence artificielle a su séduire ses utilisateurs et s'immiscer dans le quotidien de chacun. Elle est à l'heure actuelle omniprésente : GPS, chatbot, reconnaissance vocale, voiture autonome…Il existe aujourd'hui une palette extrêmement diversifiée d'outils pilotés par elle, et dont chacun se sert régulièrement, sans même y prêter attention : l'intelligence artificielle est entrée progressivement dans nos mœurs et connaît actuellement un essor significatif.

2. L'année 2018 marque un tournant : Aujourd'hui, on ne parle plus que d'elle, l'intelligence artificielle nous fascine, nous obnubile et nous préoccupe. Seulement il faut avoir conscience que l'émergence de la justice prédictive, la création d'un langage propre entre deux intelligences artificielles ou de manière encore plus stupéfiante, d'une intelligence artificielle par une intelligence artificielle se révélant plus performante que celle créée par les humains ne marquent que le début de son ascension fulgurante.

3. L'explosion du nombre de startups spécialisées sur ce créneau témoigne de cette course et de cet engouement des investisseurs en la matière, sans doute conscients des diverses promesses techniques, économiques et sociétales qu'elle peut offrir. Ainsi, des startups telles que JULIE DESK, assistante personnelle dotée d'une intelligence artificielle optimisant l'agenda de ses utilisateurs ou

HUGGING FACE, « *le nouvel ami artificiel des adolescents* » ont pu être créées. De nombreuses autres startups ont vocation à bouleverser intégralement une multitude de secteurs : Dans le domaine de la santé, THERAPIXEL a mis au point des algorithmes d'interprétation d'images médicales. CLUSTREE révolutionne le milieu des ressources humaines, par l'intermédiaire d'une plateforme de recommandation RH utilisant l'intelligence artificielle. La start-up SHIFT TECHNOLOGY utilisant l'intelligence artificielle dans le dessein de détecter les fraudes à l'assurance chamboulera également ledit milieu.

4. En cette nouvelle année, il nous sera de fait opportun d'observer progressivement les avancées majeures de l'intelligence artificielle afin de l'intégrer en toute connaissance de cause (avec ses avantages et ses inconvénients) dans tous les aspects de notre vie. L'intelligence artificielle n'en est qu'à ses balbutiements, de sorte que nous arrivons aujourd'hui au cœur de cette révolution, et c'est à tout un chacun de s'approprier les nouveaux outils qui sont mis à notre disposition, et provoquer le changement de paradigme, sans se laisser aller aux théories alarmistes et discours anxiogènes qui prédisent la fin de l'humanité, prônés par les découvreurs d'un monde encore inconnu.

Bref historique

5. 2018 est certes l'année dite de l'intelligence artificielle, mais il ne faut pas perdre de vue que les ancêtres les plus similaires aux robots, les automates, existent depuis bien longtemps. On peut en effet trouver trace de la création d'automates dès l'Antiquité. Archytas de Tarente, philosophe pythagoricien et mathématicien aurait notamment créé dès 350 avant Jésus-Christ, une colombe artificielle volante en bois. Le développement des automates s'est ensuite poursuivi, afin de rapprocher leur mécanisme du fonctionnement d'un être vivant.

6. Dans les années 1950, les premiers robots sont apparus, grâce à la création et à l'essor de l'informatique et de l'intelligence artificielle. Depuis lors, ces technologies ont évolué de manière exponentielle. Le terme de « robot » est un terme énoncé par l'écrivain tchèque Karel Capek en 1922. Il a été employé pour la première fois dans sa pièce de théâtre Rossum's Universal Robots. Il a par la suite été repris par le célèbre auteur de science-fiction Isaac Asimov.

Contexte

7. Le développement de la robotique se produit dans l'ensemble du monde. A l'échelle de l'Union Européenne, chaque pays examine et élabore des législations nationales différentes, alors même que le développement ne s'arrête pas à chaque frontière des pays. Afin d'éviter le développement d'obstacles à la robotique qui constitue un formidable vecteur économique et même pour certains la quatrième révolution industrielle, il est opportun de légiférer au niveau de l'Union Européenne. Et légiférer rapidement afin de ne pas subir les législations étrangères. Le Parlement encourage les Etats membres à investir dans la recherche dans les domaines de la robotique et de l'intelligence artificielle, afin que l'Union Européenne prenne une part de marché importante dans ces domaines.

8. Le secteur de la robotique et les avancées de l'intelligence artificielle font l'objet d'une large médiatisation, souvent dans un registre anxiogène. Cela conduit fréquemment à une confusion entre la science et la science-fiction. Les disciplines regroupées sous l'appellation d'intelligence artificielle cherchent toutes à simuler, sous une forme ou une autre, les capacités humaines. Pour les amateurs de science-fiction, le terme d'intelligence artificielle évoque une machine dotée d'une conscience et d'une capacité de raisonnement similaires à celles d'un être humain, avec comme corollaire et risque, le fait de devenir autonome, super-intelligente, et dépasser l'homme. Néanmoins, les systèmes conçus actuellement sont très spécialisés, ils permettent d'arriver à un résultat bien particulier pour lesquels ils ont été entraînés. Par opposition, une intelligence artificielle générale n'existe pas à l'heure actuelle. Par ailleurs, nous nous emploierons à utiliser le vocable de robotique, et de droit appliqué aux robots afin de ne pas laisser le doute subsister quant à d'éventuels droits des robots.

Ethique de la recherche et de l'innovation

9. L'IA et la robotique en général, présentent des questions fondamentales en matière d'éthique, de morale, et de valeurs. Leur développement doit se faire dans les limites de nos normes, valeurs, libertés fondamentales et des Droits de l'Homme. La démarche éthique renvoie à l'écrivain de science-fiction Isaac Asimov, qui a élaboré trois règles, permettant de régir le comportement des robots afin de préserver l'intégrité de l'homme. « 1. *Un robot ne peut porter atteinte à un être humain ni, restant passif, permettre qu'un être humain soit exposé au danger. 2. Un robot doit obéir aux ordres que lui donne un être humain, sauf si de tels ordres entrent en conflit avec la première loi. 3. Un robot doit protéger son existence tant que cette protection n'entre pas en conflit avec la première ou la deuxième loi.* »

10. Les professionnels ont fait le choix rapidement de réguler leurs recherches et inventions par l'éthique, qui est une discipline relative et non contraignante, plutôt que par l'élaboration de règles de droit positif, qui est un processus bien plus long. L'éthique ouvre ainsi la voie à l'autorégulation de chacun des acteurs, sous la forme de code de déontologie ou de code de conduite.

11. La Résolution[1] prévoit que « *les avancées dans le domaine de la robotique et de l'intelligence artificielle peuvent et devraient, dès l'étape de la conception, préserver la dignité, l'autonomie et*

---

[1] Résolution du Parlement européen du 16 février 2017 contenant des recommandations à la Commission concernant des règles de droit civil sur la robotique (2015/2103(INL))

l'auto-détermination de la personne humaine ». En conséquence, le Parlement Européen propose la création d'un Code de conduite éthique volontaire pour les ingénieurs en robotique, avec l'interdiction, dans certains domaines, de poursuivre la recherche. Ce code de conduite « *invite l'ensemble des chercheurs et des concepteurs à agir de façon responsable et avec la conscience absolue de la nécessité de respecter la dignité et la sécurité des personnes* ». Le Parlement européen propose ainsi en annexe à ladite Résolution, une charte établissant un code de conduite éthique pour les ingénieurs en robotique, une déontologie pour les comités d'éthique de la recherche lorsqu'ils examinent les protocoles de robotique, et un ensemble de licences pour les concepteurs et les utilisateurs. (cf Annexe 1).

12. Certains robots sont conçus avec une forme androïde, par imitation de l'homme, de ses comportements et de ses émotions. Les robots apprennent à reconnaître les émotions humaines, à réagir en conséquence, et à manifester eux-mêmes ce qu'on pourrait appeler par abus de langage, des émotions. Pour les robots compagnons en particulier, il est alors nécessaire de s'interroger sur le risque d'un attachement émotionnel, sur le long terme, des personnes à leur robot. Plus un robot sera convivial et compréhensif, et plus il sera facilement adopté comme compagnon.

13. La question de l'éthique soulève deux autres sujets qui ne seront pas abordés dans ce guide. C'est le cas de l'homme augmenté, qui soulève la question de connaître les limites entre la prothèse intelligente qui redonnerait les sensations d'un membre amputé, et l'ajout d'un œil bionique, conduisant même à l'amputation d'un membre sain dans l'objectif de se voir augmenté. Les problématiques relatives aux armes militaires autonomes et aux drones de guerre utilisés notamment par les Etats-Unis dans leur guerre au Moyen-Orient seront également écartées : plus qu'un débat éthique mondial, il est question de légalité et de dignité humaine. Pour l'heure, les chercheurs, scientifiques et professionnels se sont saisis de cette problématique et une lettre ouverte circule depuis 2015 pour en interdire totalement leur utilisation et leur développement. Plus récemment, le groupe des experts gouvernementaux sur les systèmes d'armes mortelles autonomes de l'ONU s'est réuni du 9 au 13 avril 2018 à Genève en Suisse, avec l'idée de rassembler le maximum d'Etats pour discuter de l'interdiction de ces technologies meurtrières aux conséquences encore inconnues. En dépit de cela, les spécialistes du domaine font valoir que la Chine, les Etats-Unis et la Russie sont entrés dans une compétition intense sur la programmation d'intelligence artificielle militaire[2].

---

[2] https://information.tv5monde.com/info/robots-tueurs-autonomes-malgre-une-mise-en-garde-de-l-onu-leur-developpement-continue-243991

Enjeux/ débats

14. Pour l'heure, le débat doctrinal qui a le plus grand retentissement est celui de créer une personnalité juridique propre aux robots.

15. Le Parlement européen dans sa Résolution adoptée le 16 février 2017, estime qu'il importe d'encadrer la robotique et l'IA par le droit et ce pour plusieurs raisons :

- Les robots semblent être sur le point de déclencher une nouvelle révolution industrielle qui touchera probablement toutes les couches de la société.
- La robotique est en pleine croissance et présente de nombreux avantages (accroissement de l'efficacité, réalisation d'économies, amélioration de la sécurité, du mode de vie…), mais aussi de nombreux risques (risque d'atteinte à la sécurité physique en cas de défaillance, risque d'atteinte à la protection des données personnelles et à la vie privée.
- La robotique pose de nombreuses questions juridiques et éthiques, comme celle de la dignité humaine, dans le contexte de la réparation ou de l'amélioration du corps humain, ou celle de la responsabilité devant être retenue en cas de dommages causés par un robot.

16. Il faut avoir conscience que la façon d'appréhender juridiquement ces innovations fait souvent l'objet de forts débats entre les acteurs. L'octroi ou non d'une personnalité juridique propre aux robots (que nous étudierons ultérieurement) en est une illustration parfaite car il ne faut pas perdre de vue que les détracteurs d'une personnalité juridique propre aux robots sont nombreux :

- Le 31 mai 2017, le Conseil économique social et européen (CESE) s'est prononcé clairement contre la création d'une personnalité juridique pour les robots arguant notamment du fait que les effets correctifs préventifs du droit de la responsabilité civile s'en trouveraient vidés de leur substance.
- Plus récemment, une lettre ouverte signée par plus de 200 experts en robotique, intelligence artificielle et éthique ou encore chefs d'entreprise a été publiée aux fins de tenter de dissuader la Commission européenne d'attribuer aux robots une responsabilité juridique. Selon les signataires, « *la création d'un statut juridique de personne électronique pour les robots (...) est justifiée par l'affirmation erronée que la responsabilité de dommages causés serait impossible à prouver* »[3].

17. Il nous appartient en conséquence, de nous interroger sur l'adaptabilité du droit actuel aux particularités de la robotique, ou si certaines interrogations posées nécessitent une réflexion juridique et éthique, et une action des pouvoirs publics et législatifs. A cet effet, des réflexions juridiques et éthiques sont menées, et des premières

[3] http://www.robotics-openletter.eu/

lois spécifiques à certains types de robots ont été adoptées à travers le monde, et notamment en France et en Europe. Cependant, les législateurs manquent cruellement d'expériences et de connaissances sur le sujet, ainsi qu'un nécessaire recul sur le domaine. Pourtant, ce domaine est en constante et perpétuelle évolution et ne cesse d'avancer significativement si bien que les questions sur lesquelles nous réfléchissons aujourd'hui seront dépassées par la réalité.

18. Chaque jour et à travers le monde de nouveaux projets et/ou de nouvelles avancées sont proclamés : L'Estonie travaille sur le premier statut juridique des robots depuis 2017, l'Arabie saoudite a donné la citoyenneté à « Sophia », premier robot citoyen, au Japon, le journal télévisé est présenté par un robot intitulé « Erica ». Il existe désormais un politicien virtuel nommé *« SAM »* en Nouvelle-Zélande et encore plus récemment, il a été proposé de placer un robot doté d'intelligence artificielle au centre des élections municipales à Tokyo.

19. Il y a presque 20 ans, Steven Spielberg et le génial Stanley Kubrick s'étaient déjà interrogés sur le sujet de l'intelligence artificielle lors de la réalisation du film *AI Intelligence Artificielle*, en adaptant la nouvelle de Brian Aldiss. Alors l'interrogation prend aujourd'hui tout son sens avec le développement de ces technologies. De quoi le futur s'inspirera-t-il ? Un robot qui recherchera l'amour et l'affection comme a voulu l'exprimer Steven Spielberg? ou des robots qui provoqueront la fin du monde, ou en tout cas la fin de notre civilisation telle que nous la connaissons actuellement ? Serons-nous dirigés par des « *réplicants* » comme le prédisait Ridley Scott ?

20. La règle juridique demeure l'expression principale du genre humain, pour codifier la société afin de mieux vivre, et à l'homme et à la femme de s'y épanouir. Et ne nous le cachons pas, le combat de demain de l'être humain sera celui d'un refus de la servilité consentante aux évolutions technologiques qu'il aura créé.

Mode d'emploi

21. Ce petit guide juridique expose les réglementations de manière exhaustive, s'appliquant et s'adaptant à ces nouvelles technologies. De manière analytique, vous y trouverez l'analyse de quatre avancées technologiques principales que sont les robots, l'intelligence artificielle, les voitures autonomes et les drones (dans leurs usages civils uniquement).

CHAPITRE 1 LES ROBOTS

22. Aujourd'hui et plus que jamais, de très nombreuses entreprises parient sur la robotique et l'intelligence artificielle, et utilisent ce vocabulaire même si les produits qu'elles vendent ou les services qu'elles proposent n'en contiennent pas une once.

23. Le 16 février 2017, le rapport élaboré par l'eurodéputée luxembourgeoise Mady Delvaux[4] note que les ventes de robots ont augmenté en moyenne de 17% par an entre 2010 et 2014, et corrélativement, le nombre de demandes de brevets a triplé au cours des dix dernières années.

---

[4] Qui a conduit à la Résolution du Parlement européen du 16 février 2017 contenant des recommandations à la Commission concernant des règles de droit civil sur la robotique (2015/2103(INL))

1. CONTEXTE

1.1 Historique

24. Il y eut les automates capables d'exécuter les tâches précises pour lesquelles ils ont été programmés, puis les robots réactifs, dotés de capteurs, capables de réagir à leur environnement par rapport à leur programmation, et ces dernières années sont apparus les robots cognitifs ou intelligents, leur permettant d'analyser leur environnement et de prendre des décisions grâce à l'IA.

25. Le mot « robot» a été introduit pour la première fois en 1921 dans une pièce de théâtre écrite par le tchèque Karel Capek, et intitulée R. U. R (Rossum's Universal Robots). Dans les langues slaves, le mot « robota » se réfère au travail répétitif, pénible, ou à la corvée, et « rossum » est lié à la raison et l'intelligence. Les précurseurs des robots furent les automates, à apparence animale ou humaine, inventés dès l'Antiquité. Au XVe siècle, Léonard de Vinci présente un chevalier en armure, capable de s'asseoir, relever sa visière et bouger ses bras. Ce fut surtout Vaucanson, membre de l'Académie des sciences qui, en 1738, présenta son Canard mécanique dont les fonctions motrices et d'excrétion étaient simulées au moyen de fins engrenages.

26. En 1942, Isaac Asimov formule, dans sa nouvelle « Runaround » les trois lois de la robotique censées protéger l'être humain : « *Première loi : un robot ne peut porter atteinte à un être humain ni, restant passif, permettre qu'un être humain soit exposé au danger. Deuxième loi : un robot doit obéir aux* *ordres que lui donne l'être humain, sauf si de tels ordres entrent en conflit avec la première loi. Troisième loi : un robot doit protéger son existence tant que cette protection n'entre pas en conflit avec la première ou la deuxième loi* ».

27. En 1961, le premier robot industriel commence à travailler sur une ligne d'assemblage d'une usine General Motors dans le New Jersey, pour soulever et tordre des pièces chaudes de métal.

28. En 1979, le premier bras articulé fait son apparition sur une chaîne de production. Le marché des robots industriels est le plus ancien, l'automobile, l'électronique et la chimie demeurent les secteurs de production les plus robotisés. La mécanisation existe depuis de nombreuses années, c'est un processus plus simple et moins couteux que la robotisation. Mais cette dernière, impliquant une notion d'intelligence, est capable de s'adapter, et constitue une solution flexible permettant de travailler en bonne collaboration avec les opérateurs humains. En 1986, Honda créé le premier robot capable de marcher sur deux pieds comme un humain. Et en 1988, le premier robot de service fait son apparition à l'hôpital de Danbury (Etats-Unis). La NASA envoie en 1997 son premier robot explorateur sur Mars.

29. Dès 2013, la France a lancé la Nouvelle France Industrielle menée par le Ministre Arnaud Montebourg, contenant 34 plans dont le Plan robotique, validé le 2 juillet 2014. A l'arrivée d'Emmanuel Macron, ces plans ont été regroupés autour de 9 solutions industrielles pour 9 marchés prioritaires, notamment objets intelligents et économie des données, avec 47 technologies clés dont la valorisation et l'intelligence des données massives, l'internet des objets, la cobotique et l'humain augmenté, l'intelligence artificielle et la robotique autonome.

30. Le 3 juin 2014, la Commission Européenne et 180 entreprises et organismes de recherche ont lancé le programme SPARC, programme civil de recherche et d'innovation en robotique. Ce programme vise à renforcer la position de l'UE sur le marché mondial de la robotique. Il devrait déboucher sur la création de plus de 240 000 emplois en Europe et porter la part de l'Europe dans le marché mondial de la robotique à 42 % en 2020 (contre 35% en 2014). Au total, la Commission Européenne investira 700 millions d'euros dans ce programme.

31. Au début de l'année 2017, le Royaume-Uni a annoncé la création d'un Fonds pour le défi de la stratégie industrielle, qui s'engage à investir plus d'un milliard de livres sterling dans les technologies de pointe pour les quatre prochaines années. Le Royaume-Uni s'apprête à engager 93 millions de livres sterling pour la robotique et l'intelligence artificielle, et 38 millions de livres sterling dans les voitures sans conducteur.

1.2 Définitions

32. Le robot intelligent se distingue de la première génération de robots que sont notamment les bras articulés dans les usines, en ce qu'il est capable de s'adapter à son environnement et d'anticiper certaines situations grâce à l'emploi de capteurs. L'IA intégrée dans les robots permet à ces derniers d'acquérir l'autonomie nécessaire pour réaliser des tâches complexes, ou d'interagir avec les utilisateurs.

33. Pour la Commission de réflexion sur l'éthique de la recherche en sciences et technologies du numérique d'Allistene (CERNA)[5], « *le robot est défini comme une machine mettant en œuvre et intégrant :*

- *Des capacités d'acquisition de données avec des capteurs (...)*
- *Des capacités d'interprétation des données acquises permettant de produire des connaissances*
- *Des capacités de décision qui, partant des données ou des connaissances, déterminent et planifient des actions. (...)*
- *Des capacités d'exécution d'actions dans le monde physique à travers des actionneurs, ou à travers des interfaces.*

Le robot peut également présenter :

- *Des capacités de communication et d'interaction avec des opérateurs ou des utilisateurs humains, avec d'autres robots*

[5] Commission de réflexion sur l'éthique de la recherche en sciences et technologies du numérique d'Allistene

ou des ressources via un réseau comme l'Internet.

- *Une capacité transversale aux précédentes, l'apprentissage, qui permet au robot de modifier son fonctionnement à partir de son expérience passée.* »[6]

34. L'étude pour la Commission JURI[7], commission des affaires juridiques au sein du Parlement Européen, propose les caractéristiques suivantes des robots intelligents : « *acquisition d'autonomie grâce à des capteurs et/ou à l'échange de données avec l'environnement (interconnectivité) ; échange et analyse de données ; capacité d'auto-apprentissage (critère facultatif) ; présence d'une enveloppe physique ; adaptation du comportement et des actes à l'environnement* ». Il est nécessaire de remarquer que l'ensemble de ces définitions du robot le circonscrit au robot matériel qui agit et interagit dans le monde physique. Les *bots* et autres logiciels sont donc exclus.

35. L'autonomie d'un robot est « *sa capacité à fonctionner indépendamment d'un opérateur humain ou d'une autre machine en exhibant des comportements non triviaux dans des environnements complexes et variables* »[8].Pour Bruno Bonnell, le robot est une machine composée de trois éléments, « *des capteurs pour comprendre l'environnement dans lequel elle se trouve, des processeurs qui analysent les paramètres recueillis pour prendre une décision en fonction d'un*

---

[6] CERNA Ethique de la recherche en robotique 2014

[7] Règles européennes de droit civil en robotique, 2016

[8] CERNA Ethique de la recherche en robotique 2014

programme et des actionneurs, moteurs, préhenseurs, qui lui permettent d'agir dans le monde réel ».

36. La Norme ISO 8373-2012 définit le robot comme un « *mécanisme programmable actionné sur au moins deux axes avec un degré d'autonomie, se déplaçant dans son environnement pour exécuter des tâches prévues* » et le robot intelligent comme un « *robot capable d'exécuter des tâches par détection de son environnement, et/ou par interaction avec des sources extérieures et adaptation de son environnement* ». Ces définitions sont propres à la réalité du milieu industriel. L'autonomie d'un robot peut être comparée à trois situations que nous connaissons déjà :

- Le métro automatique. Il n'a une autonomie opérationnelle que très limitée, et n'est pas considéré comme un robot car son action est réduite au contrôle de sa vitesse le long de ses rails, il ne connaît pas son environnement, et se repère uniquement grâce à des cellules photoélectriques placées le long des rails.
- Le pilote automatique d'un avion n'est pas non plus un robot, en ce qu'il n'est constitué que d'un ensemble de programmes destinés à contrôler une trajectoire définie, en corrigeant les perturbations principalement dues au vent. Il n'a qu'une autonomie opérationnelle.
- La voiture autonome cependant, est capable de percevoir son environnement et ceux qui l'entourent, parfois en s'adaptant aux

conditions climatiques. Elle décide des arrêts, de l'évitement, de l'itinéraire pour atteindre une destination définie. C'est un robot doté à la fois d'une autonomie opérationnelle, et décisionnelle.

2. ESQUISSE D'UNE REGLEMENTATION

2.1 Contexte

3. L'eurodéputée luxembourgeoise Mady Delvaux a porté la toute première proposition de loi sur la robotique avancée et l'intelligence artificielle[9]. Le plus urgent pour elle, est la voiture autonome et les questions de responsabilité qui en découlent, ainsi que la protection des données, de la vie privée, et la cybersécurité. Son rapport a été adopté par le Parlement Européen le 16 février 2017, invitant la Commission Européenne à définir un cadre éthique et juridique pour la robotique civile.

4. Le Comité Economique et Social Européen (CESE) plaide en faveur d'une approche « *human-in-command* » dans laquelle les machines resteraient à leur place de machine, sous le contrôle des hommes. La Résolution est du même avis « *il est indispensable, dans le cadre du développement de la robotique et de l'intelligence artificielle, de garantir la possibilité d'exercer un contrôle humain à tout moment sur les machines intelligentes* ». Il ne faut à aucun moment perdre de vue que les robots restent des machines, privées de sensibilité et de conscience. Juridiquement, ils constituent un bien marchand et sont un instrument pour l'homme.

5. Le droit en vigueur trouve naturellement à s'appliquer pour encadrer la fabrication et l'utilisation des robots. Il est cependant nécessaire

---

[9] Résolution du Parlement européen du 16 février 2017 contenant des recommandations à la Commission concernant des règles de droit civil sur la robotique (2015/2103(INL))

de garantir un cadre juridique stable, pour pourvoir à une sécurité juridique aux fabricants, concepteurs, mais aussi (futurs) propriétaires de robots.

6. La réglementation doit pouvoir s'adapter aux évolutions futures qui surviendront très rapidement, en faisant preuve également de flexibilité. Néanmoins, une balance doit être faite entre les risques et les formidables opportunités que ces nouvelles technologies entrainent afin de ne pas étouffer l'innovation. Les fantasmes générés par les films de science-fiction, Terminator notamment, créent un environnement anxiogène au développement de l'IA et de la robotique en général. La conception d'une super-intelligence, même si elle est souvent évoquée, ne fait pas partie des risques à court ou moyen terme, et reste de l'ordre du fantasme.

2.2 La Résolution du Parlement Européen

7. Avant le vote, Mme Delvaux, la députée luxembourgeoise du Parlement européen qui a rédigé la résolution, a écrit une communication à tous les membres du Parlement clarifiant ses intentions dans la résolution : « *A long terme, la détermination de la responsabilité en cas d'accident deviendra probablement de plus en plus complexe car les robots autonomes et auto-apprentissage les plus sophistiqués seront en mesure de prendre des décisions qui ne peuvent être remontées jusqu'à un agent humain. Pour ces cas, le rapport demande à la Commission de réaliser une analyse d'impact pour un régime d'assurance obligatoire, qui inclut*

l'idée possible de donner le statut juridique d'une personnalité électronique aux robots afin de faciliter l'indemnisation des victimes lorsque la responsabilité humaine ne peut être pleinement attribuée. La responsabilité est en fait un élément central de ce rapport, car elle est indispensable à la confiance des citoyens ».[10]

8. Le Parlement Européen a adopté, le 16 février 2017, à une large majorité, 396 votes pour et 123 contre, la Résolution contenant des recommandations relatives aux règles de droit civil applicables en matière de robotique, portée par l'eurodéputée Mady Delvaux. Cette Résolution constitue pour le moment le projet de réglementation le plus abouti appliqué au domaine de la robotique. Il est demandé à la Commission Européenne d'élaborer une directive sur les questions juridiques liées au développement de la robotique et de l'intelligence artificielle.

9. La Résolution vise spécifiquement les robots intelligents et autonomes. Néanmoins, la réglementation qui en découlera concernera l'ensemble de la robotique. Les voitures autonomes constituent une technologie actuellement déjà très avancée, et dont les progrès sont rapides, mais l'autonomie des robots et leur intelligence ne sont pas encore une réalité. Les robots et intelligences artificielles sont très spécialisés, et compétents pour une seule et unique tâche qui a été définie par leurs concepteurs. Le rapport aborde l'ensemble des inquiétudes sociétales et préoccupations juridiques relatives au développement de la robotique selon les

[10] http://www.robotics-openletter.eu/

termes suivants : « *maintenant que l'humanité se trouve à l'aube d'une ère où les robots, les algorithmes intelligents, les androïdes et les autres formes d'intelligence artificielle, de plus en plus sophistiqués, semblent être sur le point de déclencher une nouvelle révolution industrielle qui touchera probablement toutes les couches de la société, il est d'une importance fondamentale pour le législateur d'examiner les conséquences et les effets juridiques et éthiques d'une telle révolution, sans pour autant étouffer l'innovation;* »[11]Dans ces circonstances, il demande à ce qu'un cadre juridique stable soit établi et garanti rapidement.

10. Cette résolution a pour objet de :
    - définir une série de règles, notamment en matière de responsabilité, de transparence et d'obligation de rendre des comptes « *qui reflètent les valeurs humanistes intrinsèquement européennes et universelles qui caractérisent la contribution de l'Europe à la société* »[12] et de
    - ne pas brider la recherche, le développement et l'innovation dans le domaine de la robotique.

11. Dans ce cadre, une charte sur la robotique a été annexée au sein de ladite résolution. (Cette dernière figure en Annexe 1). Mady Delvaux et les autres

[11] Résolution du Parlement européen du 16 février 2017 contenant des recommandations à la Commission concernant des règles de droit civil sur la robotique (2015/2103(INL))
[12] http://www.robotics-openletter.eu/

membres du groupe de travail se sont interrogés sur la responsabilité civile ainsi que l'opportunité de recourir à la création d'une personnalité juridique aux robots. Le point numéro 59 de la résolution du Parlement européen du 16 février 2017 propose clairement à la Commission, lorsqu'elle procèdera à l'analyse d'impact de son futur instrument législatif, d'examiner, d'évaluer et de prendre en compte les conséquences de toutes les solutions juridiques envisageables telles que « *la création, à terme, d'une personnalité juridique spécifique aux robots pour qu'au moins les robots autonomes les plus sophistiqués puissent être considérés comme des personnes électroniques responsables, tenues de réparer tout dommage causé à un tiers ; il serait envisageable de conférer la personnalité électronique à tout robot qui prend des décisions autonomes ou qui interagit de manière indépendante avec des tiers* »[13]

12. Il est également proposé la mise en place d'une assurance obligatoire, et d'un système d'immatriculation au sein d'un registre spécifique de l'Union Européenne, sur le modèle de ce qui existe déjà pour les voitures. Le rapport insiste sur l'idée de transparence qui doit animer les décisions prises par une intelligence artificielle, de sorte qu'il soit possible de toujours fournir une justification rationnelle à toutes décisions prises avec l'aide de l'intelligence artificielle qui est susceptible d'avoir une incidence importante sur la vie d'une ou plusieurs personnes. En conséquence, le rapport

[13] Résolution du Parlement européen du 16 février 2017 contenant des recommandations à la Commission concernant des règles de droit civil sur la robotique (2015/2103(INL) : point 59, f

évoque la fourniture d'une boîte noire qui contiendrait toutes les données de chaque opération réalisée par la machine, afin d'aider à détecter la responsabilité du dommage. Les députés prônent également la création d'une agence européenne pour la robotique. Le rapport n'oublie pas la préoccupation de la cybersécurité, en demandant à ce qu'un niveau maximal de sécurité soit garanti.

2.3 Les suites de la Résolution du Parlement Européen

13. Suite aux résolutions du Parlement Européen, de nombreux acteurs se sont vivement opposés à l'octroi d'une personnalité juridique aux robots et ont rédigé une lettre ouverte aux fins de la transmettre à la Commission européenne. Les rédacteurs et signataires de la lettre ouverte sont en l'occurrence de tout secteur et concernent principalement des experts en intelligence artificielle et robotique ; des leaders de l'industrie ainsi que des experts en droit, médecine et en éthique.

14. Aux fins d'arguer du fait que l'octroi d'une personnalité juridique aux robots est basé sur des motifs erronés, et est inapproprié, les auteurs de la lettre ouverte ont fait valoir que :
    - le cadre de la robotique doit être exploré non seulement à travers les aspects économiques et juridiques, mais aussi à travers ses impacts sociétaux, psychologiques et éthiques ;

- l'impact économique, juridique, sociétal et éthique de la robotique doit être considéré sans hâte ni parti pris ;
- la création d'un statut juridique de « *personne électronique* » pour les robots est justifiée par l'affirmation erronée que la responsabilité de ces derniers serait impossible à prouver ;
- le contexte justifiant les raisons pour lesquelles l'octroi d'une personnalité juridique aux robots a été sollicité repose sur une surévaluation des capacités réelles des robots les plus avancés, « *une compréhension superficielle de l'imprévisibilité et des capacités d'auto-apprentissage et une perception des robots déformée par la science-fiction et quelques annonces sensationnelles récentes dans la presse* ».[14]C'est dans ces circonstances que les rédacteurs de la lettre ouverte ont clairement affirmé que d'« *un point de vue éthique et juridique, la création d'une personnalité juridique pour un robot est inappropriée quel que soit le modèle de statut juridique* ».[15]

15. Par ailleurs, les arguments principaux suivants ont été soulevés :

- D'une part, un statut juridique pour un robot ne peut pas dériver du modèle de la personne physique, puisque le robot détiendrait alors

[14] http://www.robotics-openletter.eu/
[15] http://www.robotics-openletter.eu/

des droits humains, tels que le droit à la dignité, le droit à son intégrité, le droit à la rémunération ou le droit à la citoyenneté, confrontant ainsi directement les droits de l'Homme. Cela serait en contradiction avec la Charte des droits fondamentaux de l'Union européenne et la Convention de sauvegarde des droits de l'homme et des libertés fondamentales.

- D'autre part, le statut juridique d'un robot ne peut dériver du modèle de l'Entité Juridique, puisqu'il implique l'existence de personnes humaines derrière la personne morale pour la représenter et la diriger. Et ce n'est pas le cas pour un robot.

3 INQUIETUDES SUR LA DISPARITIONS DES EMPLOIS

16. L'impact des robots et de l'IA sur l'emploi est une des principales inquiétudes. Le véritable débat sociétal est celui de savoir s'il y a une complémentarité possible entre l'intelligence humaine et la machine. Les robots industriels ont une place dans les entreprises depuis de nombreuses années maintenant. Dans les usines Renault, des robots se trouvent sur les chaînes de production depuis le milieu des années 1970.

17. Le Conseil d'Orientation pour l'Emploi (COE), dans son rapport[16] ne craint pas l'arrivée des robots et de l'IA puisqu'il a évalué à moins de 10% les emplois très exposés correspondant en pratique à des métiers manuels et peu qualifiés, principalement dans l'industrie.

18. L'exemple allemand prouve que la robotisation industrielle ne rime pas forcément avec une destruction d'emplois. En effet, en 2014, 172 500 robots étaient présents dans l'industrie allemande, contre 31 600 en France. Or, et sur les quinze dernières années, l'emploi industriel a bien mieux résisté en Allemagne (- 4,5% en 2015), qu'en France (- 20,8% en 2015), avec un faible taux de chômage, de 5% en 2014 à moins de 4% aujourd'hui.

---

[16] Rapport de janvier 2017 « Automatisation, numérisation et emploi »

19. Le CESE[17] loue le fait que les robots et l'IA présentent de réels avantages pour les activités dangereuses, pénibles, épuisantes, salissantes, désagréables, répétitives ou ennuyeuses.

20. L'IA permet de nous libérer des tâches répétitives, analytiques, qui, chronophages, n'apportent aucune valeur ajoutée au travail. C'est une opportunité de croissance car les coûts sont réduits par l'automatisation de tâches. Pour Joël de Rosnay, scientifique, l'IA et les robots nous permettront de devenir plus humains, en ayant plus de temps à consacrer aux autres, à la générosité et à la solidarité. Pour Bruno Bonnell, les robots peuvent nous permettre d'aller vers des modes de production beaucoup plus optimisés, notamment en permettant de remplacer les humains dans des tâches difficiles telles que chercher des minerais au fond des mers, ou créer de l'énergie solaire dans des déserts insupportables pour l'homme.

21. L'Université d'Oxford et le cabinet Deloitte ont cherché à déterminer quels métiers sont les plus menacés. A plus de 95% on trouve par exemple le gestionnaire de compte financier, le comptable et gestionnaire de paie, les employés de banque et assurance, le standardiste, et l'agent d'entretien. Les métiers les moins menacés sont les suivants : l'orthophoniste, le psychologue, le professeur, l'instituteur et le pharmacien.

---

[17] Avis adopté le 31 mai 2017 « L'intelligence artificielle – Les retombées de l'intelligence artificielle, pour le marché unique (numérique), la production, la consommation, l'emploi et la société »

22. Le passage à l'automatisation est étudié sur cinq facteurs. Il ne suffit pas de regarder la faisabilité technique, il faut aussi étudier le coût de l'automatisation, à mettre en relation avec le coût des ouvriers compétents à effectuer cette tâche, et la productivité de l'automatisation induisant une meilleure qualité, et enfin les considérations sociales. L'intelligence artificielle a ses propres domaines de prédilection que sont la précision, la répétition et le calcul. Elle pourra ainsi nous suppléer dans le travail de collecte, d'analyse et de restitution des données. Nous pourrons ainsi nous focaliser sur des tâches au sein desquelles la créativité, la R&D, l'éthique, ou la prise de décision sont présentes.

23. Il est certain que l'automatisation va créer de nouveaux emplois, notamment dans la R&D, la conception, la production, la commercialisation ou la maintenance de robots. Il s'agira de transformation d'emploi bien plus que de suppression.

24. Il est aujourd'hui nécessaire d'anticiper socialement cette transformation, en mettant en place notamment un chantier de formation. De plus, ce n'est pas parce que l'automatisation est techniquement possible qu'elle sera effectuée. Il ne faut pas perdre de vue non plus, comme l'a souligné David Autor, un chercheur américain, que les hommes disposent d'avantages sur les machines en termes d'interactions sociales, d'adaptabilité, de flexibilité, et de capacité à résoudre les problèmes. Enfin, la baisse des coûts de productivité grâce à l'automatisation pourrait à terme engendrer une

vague de relocalisation d'entreprises parties à l'étranger pour trouver un coût de main d'œuvre moindre. De plus, l'histoire sur les deux derniers siècles montre que l'emploi a continué à augmenter au fil des révolutions technologiques. Le coût d'un robot est de moins en moins élevé, alors que le coût de la main d'œuvre humaine poursuit son inflation.

25. Parallèlement, les fabricants promettent d'énormes gains de productivité. La durée de vie des robots se rallonge également. Le conseil Roland Berger a tiré les enseignements de la robotisation de l'industrie de l'automobile entre 1975 et 1990[18]. Durant cette période, la productivité a doublé, les salaires ont augmenté de 35%, le nombre d'accidents du travail a été divisé par 5, le coût de production a baissé, permettant d'augmenter de 10 points le nombre de ménages possédant un véhicule, et les exportations ont grimpé de 50%.

26. L'OPECST[19] martèle que « *l'IA représente une chance à saisir pour nos sociétés et nos économies* ». Plutôt que s'interroger et s'alarmer sur la disparition des emplois, il faut repenser la place de l'homme au milieu de ces nouvelles technologies, pour le laisser exprimer sa créativité.

27. Les robots ont vocation à suppléer et à aider les hommes dans leur travail, plutôt qu'à les remplacer. Les hommes ont toujours eu peur d'être remplacés

---

[18] Think Act Des robots et des hommes, pour une vision confiante de la logistique 2025

[19] Office Parlementaire d'Evaluation des Choix Scientifiques et Technologiques

par les machines, d'aussi loin que le progrès arrive. Pour Éric Schmidt, président exécutif d'Alphabet, maison mère de Google, l'homme n'est pas amené à être remplacé par des IA et des robots, mais a vocation à travailler avec, « *le futur, c'est que l'on travaillera avec les intelligences artificielles, les robots, mais qu'on ne sera pas remplacé par eux* ». Jack Ma, fondateur et président du groupe chinois Alibaba affirme que l'IA deviendra inéluctablement plus performante que l'humain dans la prise de décisions. En conséquence, il estime qu'il faudra évoluer dans une logique de coexistence avec la machine, qui ne devra idéalement accomplir que les tâches irréalisables par l'humain, afin de les maintenir dans une position de partenaires plutôt que rivaux.

28. Bill Gates s'est exprimé en faveur de la taxation des robots, afin de compenser la perte d'emploi. Ce dernier voudrait financer, avec ces taxes, la formation aux nouveaux emplois. A ce titre, nous notons que la Résolution de Mady Delvaux proposait également de taxer les robots pour financer un revenu universel, mais cette proposition n'a pas été adoptée par le Parlement Européen.

29. Des chercheurs des universités d'Oxford et de Yale ont interrogé des experts pour connaître les prochaines grandes étapes de l'IA. Il ressort de l'étude menée en 2016, que l'automatisation complète du travail, c'est-à-dire la capacité à occuper tous les emplois humains, interviendra en moyenne dans 120 ans, soit en 2136, quand un haut

niveau d'intelligence, c'est-à-dire la capacité à accomplir toutes les tâches humaines, interviendra en moyenne dans 45 ans, soit en 2061. Ainsi, l'IA serait capable de devenir championne du monde de poker (dans des conditions réelles c'est-à-dire face à plusieurs joueurs humains en simultané) d'ici 2020, répondre à une question précise mieux qu'un expert d'ici 2023 et traduire aussi bien qu'une personne bilingue.

30. Cédric VILLANI, mathématicien et député de l'Essonne, fait valoir au sein de son célèbre rapport que : « *l'automatisation des tâches et des métiers peut constituer une chance historique de désautomatisation du travail humain : elle permet de développer des capacités proprement humaines (créativité, dextérité manuelle, pensée abstraite, résolution de problèmes). Nous devons nous saisir de l'intelligence artificielle pour développer les capacités de chacun* »[20].

[20] Rapport Cédric VILLANI, Donner un sens à l'intelligence artificielle, pour une stratégie nationale et européenne, 28 mars 2018

4 UTILISATIONS

31. Dans la gare de Nort-sur-Erdre (Loire-Atlantique), la SNCF a engagé le robot Pepper de la société Aldebaran Robotics, rachetée par l'entreprise japonaise Softbanks Robotics, afin de renseigner les usagers sur les trains, en leur indiquant les éventuels retards, les quais à emprunter, ou encore les sites touristiques à proximité. Renault a déployé 120 robots Pepper dans ses showrooms. Uniqlo en a placé un dans son nouveau magasin de St Germain à Paris pour le renseignement des clients. Ce robot est par ailleurs capable de parler 20 langues, et de reconnaître les émotions de son interlocuteur. C'est un robot imaginé pour les interactions humaines.

32. La SNCF s'est alliée avec la start-up française Immersive Robotics pour créer BARYL, un robot poubelle qui se déplace dans un périmètre défini, pour aller au contact des voyageurs qui souhaitent jeter leurs déchets. Doté d'une intelligence artificielle, il apprend à détecter les personnes qui ont un déchet à jeter. Elle a plus récemment exploité une intelligence artificielle aux fins d'optimiser ses recrutements : CV Catcher, IA conçue par la société Jobijoba.

33. LG a déployé, au cours de l'été 2017, deux types de robots à l'aéroport international Incheon de Séoul. L'Airport Guide Robot est destiné à accompagner les voyageurs dans l'aéroport, et leur fournir des informations, en quatre langues. L'Airport Cleaning Robot est un aspirateur de très grande taille capable de nettoyer tout type de sol en toute autonomie. LG

prévoit de les déployer à plus grande échelle là où il y a beaucoup de trafic piétonnier, et de visiteurs internationaux en quête d'informations.

34. La start-up française Stanley Robotics, a conçu un robot voiturier qui se charge de garer votre voiture. De manière 100% électrique et adaptable à tous types de voiture, ce robot est expérimenté à l'aéroport Roissy Charles de Gaulle depuis le début de l'année 2017. Ce service facilite la vie des voyageurs, et permet à l'aéroport d'optimiser la gestion de ses parkings.

35. Il existe des robots médicaux qui assistent les chirurgiens, c'est le cas du robot Da Vinci conçu par Intuitive Surgical, adopté notamment par le CHU de Tours. Ce robot se présente sous l'aspect de quatre bras motorisés, qui permettent d'opérer de manière moins invasive, par de petites incisions, et de manière plus précise dans des endroits difficilement accessibles. Ce robot fonctionne par simple téléopération par le praticien, il n'est pas doté de capteurs qui lui permettraient de devenir autonome ou intelligent.

36. En France, le CHU de Rennes s'est doté de deux robots chirurgicaux arguant vouloir rester à la pointe de l'innovation et de la recherche. Ce dernier avance pour l'heure avoir d'ores et déjà réalisé près de 360 interventions par an de chirurgie par « *robot assisté* ». Une nouvelle étape en ce domaine a été franchie le 18 juin 2018 dans le cadre de l'utilisation d'un robot à des fins chirurgicales conçu par l'entreprise néerlandaise Preceyes : À l'hôpital John Radcliffe d'Oxford, six personnes ont été soignées

par des robots chirurgiens dans le cadre d'une opération bénigne de la rétine.

37. Depuis le début de l'année 2017, les habitants de Mission, quartier de San Francisco peuvent, en commandant un repas sur l'application Eat24 de Yelp, se faire livrer par un robot. Ce robot livreur, conçu par la start-up Marble est équipé de la même manière qu'une voiture autonome pour se repérer. Cependant, circuler sur les trottoirs présente des défis différents, car les piétons sont plus imprévisibles, et les collisions doivent être évitées avec les vendeurs ambulants, les chiens, et les piétons rivés sur leurs smartphones.

38. A Redwood City, au cœur de la Silicon Valley, la start-up DoorDash met en service une petite flotte de robots conçus par la société britannique Starship Technologies, aux fins d'assurer les livraisons de repas. Ces robots circulent dans un rayon de cinq kilomètres et peuvent transporter jusqu'à 10 kilos de marchandises.

39. Dans le monde de la distribution, un bras robotique collaboratif conçu par Right Hand Robotics réalise des tâches de collecte dans les entrepôts. Scallog, mis au point par une start-up française, permet de déplacer les armoires de stockage pour les apporter à l'opérateur, permettant de diminuer le temps de préparation d'une commande et les trajets effectués par les opérateurs. Shelfsurveyor, conçu par une entreprise américaine, est un système qui permet aux marques de gagner en visibilité en magasin, en déambulant dans les allées, le robot scanne les

rayons et détecte en temps réel une rupture linéaire ou un mauvais emplacement de produit en rayon.

40. Au Japon, dans le parc d'attractions de Sasebo se trouve un hôtel quasiment exclusivement géré par des robots. La réception est tenue par une concierge humanoïde qui cligne des yeux et un robot dinosaure qui indique l'enregistrement, un robot Nao présente l'hôtel, un service de bagagerie achemine les valises jusqu'aux chambres, et à l'intérieur de chaque chambre, un petit robot permet de programmer un réveil, répondre aux questions, prévoir la météo, allumer et éteindre la chambre. Autre excentricité du Japon, parallèlement aux Jeux Olympiques d'été de 2020, le pays prévoit d'organiser des jeux réservés aux robots. De plus fort, et toujours au Japon, Erica un robot humanoïde créé par le japonais Hiroshi Ishiguro va devenir présentatrice d'un Journal télévisé.

41. Les robots nous suppléent dans certaines tâches domestiques, notamment les robots aspirateurs, les robots de piscine et les robots de tondeuse à gazon. Selon une étude de l'International Federation of Robotics[21], ce sont près de 30 millions de robots domestiques qui devraient se vendre entre 2016 et 2019. Il résulte en outre d'une étude récente d'OpinionWay réalisée par Frédéric MICHEAU intitulée *« les Français et leurs attentes vis- à-vis des robots »* [22]que :

---

[21] Communiqué de presse du 20 décembre 2016

[22] OpinionWay, Les Français et leurs attentes vis-à-vis des robots, Fréderic MICHEAU, décembre 2017

- 51% des personnes interrogées estiment qu'un robot semblerait plus utile pour « ranger et faire le ménage »
- 66% des personnes interrogées feraient confiance aux robots pour les guider dans un espace (centre commercial, centre-ville, musée…).

42. Dès 2001, les premiers robots aspirateurs apparaissent, celui conçu par Electrolux d'abord, puis un an plus tard, iRobot introduit son robot Roomba. En 2018, le MIT a créé un système baptisé « *VirtualHome* » permettant aux robots de s'entraîner à effectuer des tâches ménagères dans la réalité virtuelle aux fins de devenir de véritables professionnels du nettoyage.

43. Le Paro, robot phoque thérapeutique fabriqué en France, est une peluche, vendue aux établissements de soins pour les personnes âgées comme remède à la solitude, suscitant un transfert affectif des personnes âgées vers ce type de robot.

44. Sun TIANQI a créé un robot à six pattes au-dessus duquel se tient une plante dont il est chargé de prendre soin. Pour cela, il va se déplacer vers le soleil et se retirer à l'ombre si besoin et également faire connaître les besoins en eau de sa plante à travers une petite danse.

45. GiraffPlus, élaboré par une équipe de scientifiques financée par l'Union Européenne, est un système d'aide à la personne sur roues, permettant aux personnes âgées de rester chez elles. Ce robot peut détecter les visages, mesurer la pression artérielle,

prendre la température, surveiller le poids, l'état de fatigue. Il a également un système de téléprésence, et peut contacter les secours. Au service des personnes âgées, on trouve également Nao, un petit robot humanoïde de 60 cm qui peut voir, entendre et se déplacer, élaboré par la société française Aldebaran. Cette même société a également mis au point Roméo, un robot humanoïde d'1m40, présenté comme un « *véritable assistant et compagnon personnel* », il peut marcher, voir et parler, et en connaissant un certain nombre d'informations sur la personne qu'il assiste, il est par exemple en mesure de lui rappeler de prendre ses médicaments. En lien avec un centre de secours, Roméo peut les alerter s'il s'inquiète de l'état de santé.

46. Initialement développé par la société Aldébaran Robotics, Nao permet aux enfants hospitalisés pour une longue durée de suivre l'école et de garder le lien social avec leurs camarades. Nao est installé à sa place à l'école, et grâce à ses nombreux capteurs, dont des micros et caméras, il permet à l'enfant depuis l'hôpital sur sa tablette, d'assister à ses cours et de s'exprimer. La maîtresse peut également lui envoyer des devoirs. Cependant, comme le fait remarquer Bruno Bonnell à propos des robots compagnons, « *aucun pour le moment ne sait servir un verre d'eau à une personne* ».

47. Dans l'industrie, les robots collaboratifs ou « cobots » prennent place. La machine travaille en collaboration avec l'homme sur une même tâche, on associe la performance du robot avec la perspicacité humaine. Le robot effectue les tâches répétitives, et bêtes, tandis que l'homme est organisé, réfléchi, il

effectue les tâches où il apporte une réelle valeur ajoutée. Par exemple, sur le chantier naval des paquebots STX, afin de souder de grands blocs d'acier, au lieu de recourir à des échafaudages, un robot a été conçu capable de monter à la verticale et de suivre une ligne de soudage. Les hommes sont alors ceux qui ajustent de manière précise la machine pour qu'elle réalise les bonnes soudures.

48. Les robots trouvent également une place aux côtés des forces de police, ou des militaires, notamment afin d'approcher et neutraliser une bombe, ou enlever des obstacles, secourir des personnes. Colossus est un robot assistant destiné aux pompiers, il peut éteindre le feu avec son canon à eau motorisé, éteindre le gaz, relever des informations comme la température et transporter du matériel ou des victimes.

49. A Dubaï, la police a fait entrer au début de l'année 2017 un robot policier, avec l'objectif d'intégrer, à terme, 25% de robots dans les effectifs d'ici 2030. Robot humanoïde conçu par PAL Robotics et armé de l'IA Watson d'IBM, ce robot peut, grâce à son écran tactile, permettre aux habitants de signaler un crime en cours ou de payer leurs amendes, il peut également scanner les visages et échanger à voix haute.

50. Aux fins de lutter contre la disparition des abeilles dans le monde, l'entreprise Walmart est en train de créer des abeilles robots autonomes pour polliniser les cultures.

51. Les robots les plus avancés, qui permettent de réaliser des tâches au-delà de la mécanisation, sont composés d'une intelligence artificielle, leur apportant la capacité décisionnelle.

CHAPITRE 2 L'INTELLIGENCE ARTIFICIELLE

52. Le terme d'« intelligence artificielle » (IA) a vu le jour en 1956, au cours d'une conférence réunissant des scientifiques et organisée par John McCarthy, professeur assistant de mathématiques au Darmouth College. Ce terme vient désigner un nouveau champ d'études scientifiques, la science de la création de programmes informatiques.

53. Depuis, son développement est exponentiel : l'IA est présente partout dans notre quotidien personnel et professionnel, sans que l'on n'y prête forcément attention.

1. CONTEXTE

1.1 Historique

54. Le mathématicien britannique Alan Turing fut l'un des théoriciens de l'IA. Il décrivit en 1950 le « *jeu de l'imitation* », méthode permettant d'évaluer la capacité d'une machine à se faire passer pour un humain. Ce point marque la naissance de la machine dite intelligente.

55. En 1997, le programme Deep Blue d'IBM devient le premier programme informatique à battre le champion du monde d'échecs Garry Kasparov. Il faut distinguer le joueur qui n'étudiera qu'un seul coup, celui qui le fera gagner, de l'ordinateur, qui épuise successivement tous les coups possibles grâce à sa puissance et à sa vitesse de calcul.

56. En février 2011, Watson, l'IA développée par IBM, remportait le jeu télévisé de culture générale « Jeopardy ! » face à deux champions du jeu. Le principe est de trouver la question à laquelle les réponses proposées répondent. Watson a gagné deux manches sur les trois.

57. En 2016, l'IA de Google DeepMind Alpha Go, remporte le jeu de Go contre Lee Sedol, champion du monde. Le jeu de Go est éminemment complexe car les combinaisons possibles sont bien plus élevées que dans une partie d'échecs, l'IA doit alors explorer des milliards de développement à chaque coup.

58. Début janvier 2017, l'IA Libratus, développée par deux chercheurs de Carnegie Mellon, a battu de manière écrasante au poker un groupe de quatre joueurs professionnels au cours de plusieurs parties.

59. Fin 2017, une intelligence artificielle du nom de CaseCruncher Alpha a remporté un défi contre 100 avocats. Lors dudit concours, CaseCruncher Alpha et les avocats ont reçu des centaines de cas. Ces derniers étaient invités à définir si l'autorité compétente en la matière autoriserait une réclamation ou non. Suite à la soumission des 775 prédictions, CaseCruncher a finalement remporté la bataille avec un taux d'exactitude de 86.3% contre 66,3% pour les avocats.

60. Aujourd'hui, l'intelligence artificielle est présente dans la vie quotidienne de chacun : les assistants personnels, Siri d'Apple et Alexa d'Amazon, reconnaissent notre voix, Google Photos trie nos photos par thème, Criteo diffuse des publicités qui pourraient nous intéresser et Shazam reconnaît les musiques que l'on aime !

61. Le marché de l'IA devrait dépasser les 38,8 milliards de dollars en 2025 selon Nasdaq GlobeNewswire. On la retrouve dans l'industrie, la robotique, la logistique, le transport, le service client, les banques et assurances, l'éducation, la santé, les armées, et l'habitat. PwC[23] estime que le PIB mondial pourrait croître de 14% d'ici 2030

[23] Intelligence artificielle : un potentiel de 15 700 milliards de dollars de gains pour l'économie mondiale d'ici 2030, du 10 juillet 2017

grâce à l'intelligence artificielle, générant 15 700 milliards de dollars de bénéfices pour l'économie mondiale en 2030. C'est la Chine qui devrait profiter le plus de ces bénéfices, avec un gain de PIB de 26%, puis l'Amérique du Nord, avec un gain de PIB de 14,5%. Principalement dans les secteurs de la santé, de l'automobile et de la finance.

62. Au cours de l'année 2016, la Chine a investi 5 milliards de dollars dans la recherche de l'IA, et les Etats-Unis 4 milliards.

63. Axelle Lemaire, secrétaire d'Etat chargé de l'Innovation et du Numérique, et Thierry Mandon, secrétaire d'Etat chargé de l'Enseignement supérieur et de la Recherche, ont lancé le 20 janvier 2017 la stratégie nationale de l'IA (France IA), afin que des acteurs institutionnels, des chercheurs, et des entreprises contribuent ensemble à définir les grandes orientations de la France en matière d'IA. Cette stratégie vise à permettre à la France de «*peser sur le paysage futur de l'intelligence artificielle dans le monde* ». La priorité de cette stratégie est de fédérer les acteurs du secteur, et de favoriser la structuration d'une véritable filière industrielle française de l'intelligence artificielle.

1.2 Définitions

64. D'après le Larousse, l'intelligence artificielle vise « *à reproduire au mieux, à l'aide de machines, des activités mentales, qu'elles soient de l'ordre de la compréhension, de la perception ou de la décision* ». Ce concept repose sur l'utilisation d'algorithmes.

65. La norme ISO 2382-28 définit l'IA comme la « *capacité d'une unité fonctionnelle à exécuter des fonctions généralement associées à l'intelligence humaine, telles que le raisonnement et l'apprentissage*».

66. L'arrêté du 27 juin 1989[24] définit l'intelligence artificielle comme « *la discipline relative au traitement par l'informatique des connaissances et du raisonnement* ». L'intelligence artificielle est constituée d'algorithmes, elle est insaisissable et s'immisce dans notre vie. Elle peut être intégrée à une structure humanoïde ou au sein d'une voiture. Elle se retrouve dans notre messagerie électronique pour trier les mails, dans notre GPS pour calculer le trajet, dans notre télévision pour nous conseiller des programmes, chez notre assureur pour calculer les probabilités de sinistre, chez notre banquier pour calculer le taux d'intérêt du prêt.

67. Dans son rapport sur l'Intelligence Artificielle publié le 28 mars 2018, Cédric VILLANI fait valoir que l'intelligence artificielle désignerait moins un champ de recherche bien défini qu'un programme, fondé autour d'un objectif ambitieux : comprendre comment fonctionne la cognition humaine, la reproduire et créer des processus cognitifs comparables à ceux de l'être humain.[25]

---

[24] Relatif à l'enrichissement du vocabulaire de l'informatique

[25] Rapport Cédric VILLANI, Donner un sens à l'intelligence artificielle pour une stratégie nationale et européenne, 28 mars 2018

1.3 Concept

68. L'IA est caractérisée par son autonomie. Ainsi, les machines dites intelligentes sont capables, à terme, de fonctionner sans intervention humaine, elles font preuve d'initiative, elles s'adaptent à leur environnement, et grâce à leur capacité d'apprentissage, optimisent leur fonctionnement.

69. Aujourd'hui, l'IA est divisée en trois voies d'évolution :

   - L'intelligence assistée (nous retrouvons par exemple cette intelligence dans le GPS qui nous propose un trajet),
   - L'intelligence augmentée (exemple : les services qui optimisent le partage des trajets),
   - L'intelligence autonome (ce sera le cas des voitures autonomes).

70. Le *machine learning*, c'est-à-dire l'apprentissage automatique, comprend plusieurs sous-branches dont le *deep learning* l'apprentissage profond. Ces algorithmes cherchent à reproduire le fonctionnement du cerveau humain en s'appuyant sur plusieurs couches de neurones artificiels. Le *machine learning* pourrait se traduire par un apprentissage passif, quand le *deep learning* permet d'enseigner à l'intelligence artificielle comment apprendre à apprendre, qui, comme l'apprentissage humain, passe par des expérimentations et des échecs.

71. Le *deep learning* est désormais la méthode phare de l'IA. Ce système d'apprentissage se retrouve

notamment chez Siri ou Google Now pour comprendre la voix, et être capable d'apprendre à reconnaître des visages. Google Maps l'utilise pour déchiffrer les textes présents dans les paysages, Facebook s'en sert pour détecter les images contraires à ses conditions d'utilisation. Ce qui diffère est l'architecture interne de la machine, faite de « réseaux de neurones » organisés en couches successives. Le *deep learning* est une méthode d'apprentissage de l'intelligence artificielle au cours de laquelle le réseau de neurones artificiels apprend à effectuer une tâche en le faisant travailler sur un vaste ensemble de données, afin que les algorithmes apprennent par eux-mêmes à réaliser cette tâche.

72. L'IA sera donc capable de reconnaître un lapin après avoir vu des milliers d'images, et de traduire un texte après avoir vu des textes traduits dans les deux langues, par exemple des textes officiels des Nations Unies. Il faut avoir conscience que cette méthode nécessite un travail considérable car l'IA a besoin d'être supervisée pour apprendre et reconnaître les photos, et cet apprentissage doit se faire sur un très large échantillon de données.

73. En la matière, un apport de données incomplètes ou non triées conduit à des erreurs d'apprentissage ou à des incidents. C'est ce qui s'est passé avec Tay, une IA développée par Microsoft, censée incarner une adolescente capable de participer à des conversations sur des réseaux sociaux et des applications de messagerie, et s'améliorer au fil des conversations, dans le but d'étudier la compréhension du langage. Sur Twitter, Tay a eu 24

heures d'apprentissage, puis les utilisateurs ont tenté de tester ses limites, ce qui a eu pour conséquence d'arriver à des tweets racistes et négationnistes. Au bout de 8 heures d'expérience, Microsoft a préféré l'arrêter.

74. Cette méthode de *deep learning* existe depuis les années 1980, mais l'IA a pu se développer considérablement ces dernières années grâce à la combinaison de l'accès à des bases de données provenant d'internet ou des objets connectés, équipés de multiples capteurs de données, de la puissance de calcul, qui grandit de manière exponentielle, et des algorithmes boostés par les progrès du *deep learning*. Les modèles « *apprennent* » de l'expérience et s'améliorent, c'est-à-dire qu'ils recueillent de plus en plus de données, les rendant de plus en plus précis.

75. La valeur provient des données nécessaires à l'apprentissage des algorithmes bien plus que de l'algorithme lui-même dont les développements sont souvent codés de manière ouverte (en *open source)*. Cela permet à toute la communauté d'en bénéficier, mais également de les enrichir.

76. IBM travaille au développement et à l'apprentissage de son IA Watson depuis 2005. Son objectif est de répondre à n'importe quelle question posée en langage naturel, à l'écrit ou à l'oral. Watson est aujourd'hui capable de les comprendre en huit langues. Le premier PDG d'IBM, Thomas J Watson, de 1914 à 1956 lui a donné son nom, référence également au Docteur Watson, acolyte de Sherlock Holmes. La dirigeante d'IBM, Ginni

Rometty promet plus de 10 milliards de dollars de revenus générés par Watson d'ici 2024.

77. Les progrès de l'IA restent aujourd'hui sur des cas spécifiques. Une IA de conduite autonome n'est pas capable de tenir une conversation comme un bot, lui-même n'est pas à même de reconnaître et d'identifier des personnes sur une photo, celle-ci ne sera pas elle-même capable de gagner au jeu de Go. L'IA générale n'existe pas, elle se limite à une mono-activité. De plus, l'intelligence telle qu'elle existe aujourd'hui, n'est performante que pour la mémoire, la répétition et la précision. L'IA est dite « étroite » ou « spéciale », par opposition à une IA « générale » ou une « super-intelligence» qui reste de l'ordre du fantasme.

78. La recherche est encore très loin d'une IA dite forte, et ce n'est même pas sûr qu'on y parvienne un jour. Il n'est donc pas nécessaire d'aborder l'IA sous une vision alarmiste. De plus, l'IA est à distinguer d'une « super-intelligence ». Les machines deviennent extrêmement fortes et nous dépassent parfois pour des tâches précises grâce à leur capacité, mais leur apprentissage est supervisé.

79. Yann LeCun, directeur du laboratoire d'IA de Facebook installé à Paris estime que « *Pour Siri et Cortana, les réponses sont écrites à la main. Ces systèmes ne sont intelligents que parce que des ingénieurs ont pensé à toutes les possibilités* ». Siri est une IA qualifiée de « faible » programmée pour effectuer à des actions spécifiques.

80. La créativité, l'empathie, l'imagination, l'émotion restent des capacités propres aux êtres humains qui ne seront pas bouleversés par cette génération d'algorithmes. L'IA est également dépourvue de conscience et d'éthique.

1.4 Doutes et inquiétudes

81. Les menaces que certains brandissent autour de l'intelligence artificielle ne sont pour l'heure que de l'ordre du fantasme. Stephen Hawking fait partie de ces détracteurs, en déclarant, en octobre 2016 à l'occasion de la conférence inaugurale au Leverlhulm Center for the Future of Intelligence à l'Université de Cambridge, que l'IA pourrait être « *le meilleur mais également le pire de l'histoire de l'humanité* ».

82. Pour Elon Musk, fondateur de Tesla, l'IA est probablement la «*plus grande menace existentielle* ». Il a réitéré ses craintes au cours d'une rencontre organisée par la National Governors Association en juillet 2017, « *la plus grande menace qui pèse sur notre civilisation, loin devant les accidents de voiture et la drogue, qui sont dangereux au niveau individuel mais pas pour l'ensemble de la société. (...)* ».

83. D'autres acteurs, à l'instar du directeur du laboratoire de recherche en IA de Facebook préfèrent mettre en avant les opportunités offertes par cette innovation :« *si on réussit à faire des voitures autonomes qui marchent bien, on va réduire grandement le nombre de morts sur la*

route » et « *l'IA va sauver des vies, c'est à peu près clair, ça va améliorer la vie dans certains domaines* ».

84. Pour l'heure, une inquiétude demeure : celle du manque de transparence des algorithmes utilisés. En effet, les réseaux de neurones qui servent au *machine learning*, procèdent par « *couche successive* », de sorte qu'il est impossible pour les concepteurs de comprendre le résultat et d'analyser le raisonnement qui a permis d'arriver au résultat. Ce phénomène est appelé « boîtes noires », les chercheurs ne peuvent pas déterminer le raisonnement de l'algorithme et valider le résultat. De nombreux chercheurs essaient donc de créer des outils d'analyse pour les décrypter. Or, la confiance dans l'IA est directement liée à la transparence et à la loyauté des algorithmes.

85. De son côté, la Résolution du Parlement Européen[26] « *insiste sur le principe de transparence, à savoir qu'il devrait toujours être possible de fournir la justification rationnelle de toute décision prise avec l'aide de l'intelligence artificielle* ». Il est en conséquence proposé l'intégration de « boîte noire» dans les robots dits « avancés », « *contenant les données sur chaque opération réalisée par la machine, y compris les logiques ayant contribué à la prise de décisions* ». Malheureusement, les données sont collectées massivement et principalement par les entreprises appelées les

[26] Résolution du Parlement européen du 16 février 2017 contenant des recommandations à la Commission concernant des règles de droit civil sur la robotique (2015/2103(INL))

« GAFAM » (Google, Amazon, Facebook , Apple et Microsoft), qui investissent aujourd'hui des montants sans commune mesure en la matière.

2. POTENTIEL ET DEFIS SOCIETAUX

86. L'IA présente des inquiétudes légitimes, notamment les craintes pour l'emploi, le manque de transparence, la question de la responsabilité en cas d'accident, le risque d'abus dans le marketing hyperciblé. Toutefois, il ne faut pas perdre de vue que cette technologie est un formidable vecteur d'opportunités de progrès et d'amélioration des conditions de vie du plus grand nombre.

87. En 2018, nous sommes à un moment stratégique où l'IA présente à la fois des dangers et des opportunités. Comme tout changement, les premiers jours d'une nouvelle technologie sont accueillis avec une certaine résistance.

2.1 Potentiel

88. Le rapport de synthèse « France Intelligence Artificielle » souligne le fait que l'IA offre un potentiel économique significatif et est source d'innovation sous toutes ses formes en ce qu'elle est porteuse de transformations profondes[27].

89. En France, de nombreuses initiatives ont été entreprises aux fins de placer la France en leader de l'IA. Ces démarches ne sont bien évidemment pas isolées : La Corée du Sud a annoncé un « *plan IA doté de 800 millions d'euros sur 5 ans dans le cadre*

[27] FRANCEIA. Rapport de synthèse – France INTELLIGENCE ARTIFICIELLE, Ministère de l'économie et des finances ; Secrétariat d'Etat à l'enseignement supérieur et à la recherche; Mars 2017

duquel un centre de recherche national sera créé sous la forme d'un partenariat public-privé. »[28]

2.2 Ethique et limitation de la recherche

90. De nombreux chercheurs en IA et experts ont cosigné et publié les 23 principes Asilomar, afin d'éviter toute dérive dans le développement et l'application de l'IA. Google notamment adopte ce guide de référence pour un développement éthique de l'IA. Figurent notamment :
    - « *Le développement de l'IA ne doit pas servir à créer une intelligence sans contrôle mais une intelligence bénéfique* »,
    - « *Les IA autonomes devraient être conçues de façon à ce que leurs objectifs et leurs comportements s'avèrent conformes aux valeurs humaines* ».

91. Également, plusieurs entrepreneurs se sont regroupés dans Open AI, une association sans but lucratif fondée par Elon Musk, qui vise à développer une recherche saine de l'IA, et empêcher les dérives.

92. Le 28 septembre 2016, Google, Facebook, IBM, Microsoft et Amazon ont officialisé la création d'un « *Partnership on Artificial Intelligence to Benefit People and Society* ». Cette organisation à but non lucratif a pour objectif de mener des recherches sur l'impact de l'IA sur la société, soutenir la recherche

[28] FRANCEIA. Rapport de synthèse – France INTELLIGENCE ARTIFICIELLE, Ministère de l'économie et des finances; Secrétariat d'Etat à l'enseignement supérieur et à la recherche; Mars 2017

et recommander les bonnes pratiques. Apple les a rejoints.

93. Par ailleurs, de nombreux ingénieurs et universitaires, dont le directeur de la recherche de Microsoft Eric Horvitz, le directeur de l'IA chez Facebook Yann LeCun, plusieurs responsables de l'IA chez Google, le fondateur de Tesla Elon Musk, ou Stephen Hawking, ont signé, en janvier 2015, une lettre ouverte sur l'IA et sa place dans la société, en attirant l'attention sur ses dangers potentiels. « *Nous pensons que la recherche sur comment faire des systèmes d'IA robustes et bénéfiques est à la fois importante et opportune, et qu'il y a des directions de recherche concrètes qui peuvent être poursuivies aujourd'hui* ».

94. Selon Alexandre Cadain, professeur à l'ENS, il est de la responsabilité humaine que celle d'orienter les usages de l'IA vers le bien pour enfin « *donner une âme à l'intelligence artificielle*», « *c'est surtout l'usage qu'en fait l'homme qui nous dira si son intention est finalement bonne pour l'humanité et son développement* ». Alexandre Cadain ne voit que le positif de cette « *renaissance numérique* » qui est à venir, et de cette « *formidable complémentarité humain-machine à construire* ». Il fait le parallèle avec la découverte du feu, où l'homme a appris à s'en servir pour se réchauffer, plutôt que pour se brûler.

95. Pour Cédric VILLANI, mathématicien et député de l'Essonne, une grande partie des considérations éthiques soulevées tiennent à l'opacité de ces technologies : l'IA donne aujourd'hui des résultats

spectaculaires, pour des raisons que les chercheurs ont parfois du mal à expliquer.

2.3 Encadrement juridique

96. L'Office Parlementaire d'Evaluation des Choix Scientifiques et Technologiques (OPECST) a rendu public au mois de mars 2017 un important rapport sur l'IA[29]. Celui-ci attire l'attention sur le fait que la recherche dans ce domaine est dominée par les grandes entreprises telles que Facebook, Apple, Google, Amazon, IBM, Salesforce, Tesla, Airbnb aux Etats-Unis ou encore Baidu et Alibaba en Chine. Ces entreprises ont les moyens d'investir des millions de dollars dans la recherche, et ont à leur disposition des jeux de données massives. Les Etats doivent donc à leur tour s'emparer de ces technologies, au risque que ces grands groupes aient une emprise de plus en plus importante sur nos sociétés.

97. Le Comité Economique et Social Européen (CESE), avance, dans son dernier rapport du 31 mai 2017, que les cadres stratégiques doivent être supranationaux. L'OPECST met en avant le fait que les règles juridiques sur la recherche en IA devraient être, autant que possible, européennes ou internationales, plutôt que nationales.

98. Actuellement, dans la recherche publique, ce sont 5% des chercheurs qui travaillent sur des questions liées à l'IA. De plus, le programme France IA a

[29] « Pour une intelligence artificielle maîtrisée, utile et démystifiée »

annoncé des investissements de plus de 250 millions afin d'accompagner les startups dans un écosystème dynamique.

99. Le rapport de Cédric VILLANI fait mention des recommandations suivantes, pour les prochaines années[30] :

- La création d'un comité d'éthique de l'intelligence artificielle : Cet organe serait en l'occurrence chargé d'organiser le débat public de façon lisible, construite et encadrée par la loi.
- Le développement d'une médiation numérique et de l'innovation pour que l'IA bénéficie à tous : « *La mise en place d'un système automatisé d'aide à la gestion des démarches administratives qui vise à améliorer la connaissance pour le grand public des règles administratives et de leur application à une situation personnelle* ».
- L'ouverture progressive, au cas par cas et selon les secteurs, de certains jeux de données pour des motifs d'intérêt général.
- Le développement de la fiabilité et de la sécurité des technologies de l'IA.
- La mise en place d'un observatoire sur la non-prolifération des armes autonomes.

[30] Rapport Cédric VILLANI, Donner un sens à l'intelligence artificielle, pour une stratégie nationale et européenne, 28 mars 2018

2.4 Intelligence artificielle et Justice prédictive

100. La combinaison de l'intelligence artificielle et de la multiplicité des décisions de justice laissées en libre accès grâce à la loi n° 2016-1321 du 7 octobre 2016 a laissé place à l'exploitation de millions de jugements et d'arrêts par des algorithmes : la justice prédictive. Concrètement, la justice prédictive permet à ses bénéficiaires de réaliser des statistiques et des probabilités sur l'issue d'un litige.

101. En la matière, certains outils ont d'ores et déjà été créés aux fins de permettre à leurs utilisateurs d'optimiser les stratégies contentieuses à amorcer grâce à ses algorithmes qui :

- donnent un pourcentage de chance de remporter ou non un procès,
- évaluent les dommages et intérêts susceptibles d'être alloués,
- identifient les moyens de droit et/ou les faits retenus par le juge.

102. A long terme, l'utilisation de la justice prédictive contribuera indéniablement à :

- améliorer la prévisibilité des décisions de justice,
- connaître les différentes pratiques juridictionnelles,
- connaître réellement ses chances de succès,
- connaître les fourchettes d'indemnisation de chaque dossier,
- connaître les arguments les plus convaincants qui vont déterminer la décision.

103. Le rapport d'information rédigé au nom de la commission des lois déposé le 4 avril 2017 souligne à ce titre que : « *L'institution judiciaire doit véritablement prendre le tournant de la révolution numérique et de l'innovation. (..). Ce secteur est en plein essor depuis quelques années, voire depuis quelques mois s'agissant de ce que l'on appelle la « justice prédictive » (...).* »[31]

104. La justice prédictive offre dès lors de nombreuses perspectives. Néanmoins, ses promesses sont à mesurer : il faudra toujours se révéler vigilant à l'égard de la qualité des « *données de base* » étant exploitées par l'intelligence artificielle, celles-ci pouvant contenir des erreurs.

105. Il faudra également toujours vérifier l'algorithme utilisé, en ce sens que celui-ci devra pouvoir être contestable et transparent et non obscur et inébranlable.

106. Enfin, Antoine GARAPON, magistrat et secrétaire général de l'institut des hautes études sur la justice soulève « *l'effet moutonnier* » qu'elle peut engendrer :« *Un juge peut être tenté d'estimer que s'il a les moyens de savoir comment la majorité de ses collègues trancherait l'affaire qui lui est soumise, le moins risqué pour lui est de les suivre.* »[32]

---

[31] « Cinq ans pour sauver la justice ! », Rapport d'information n° 495 (2016-2017) de M. Philippe BAS, Mme Esther BENBASSA, MM. Jacques BIGOT, François-Noël BUFFET, Mme Cécile CUKIERMAN, MM. Jacques MÉZARD et François ZOCCHETTO, fait au nom de la commission des lois, déposé le 4 avril 2017. (P117)

[32] Antoine GARAPON, le numérique est un remède à la lenteur de la justice, Dalloz actualité, édition du 27 juillet 2018.

107. Aux Etats-Unis, les juridictions américaines exploitent d'ores et déjà les algorithmes. Il en est ainsi de l'algorithme COMPAS, qui sert à évaluer le risque de récidive d'un criminel en se basant sur une série de graphiques. Dans ce cas, l'intelligence artificielle va fournir une recommandation. Elle va évaluer s'il est préférable de mettre un accusé en liberté surveillée, de l'incarcérer ou de le libérer.

108. La déshumanisation de la justice est alors en cours : même si le juge garde son pouvoir de décision, il ne fera plus appel exclusivement à son intuition.

2.5 L'intelligence artificielle et le Règlement Général sur la Protection des Données

109. Le Règlement Général sur la Protection des Données (ci -après « *RGPD* ») est un texte de loi européen ayant vocation à protéger la vie privée de chacun et à réguler la manière dont le responsable du traitement, soit la personne physique ou morale, l'autorité publique, le service ou un autre organisme traite des données à caractère personnel. Les données à caractère personnel désignent au sens de l'article 4.1 du RGPD, toute information se rapportant à une personne physique identifiée ou identifiable. Le Règlement Général sur la Protection des Données va renforcer le droit d'information des personnes concernées par le traitement des données, l'effectivité de leur droit et *« assainir »* les

conditions dans lesquelles elles sont collectées et traitées.

110. Ce texte a des répercussions indirectes sur l'Intelligence Artificielle en ce sens que cette dernière se « *nourrit* » de données pour fonctionner. Dès lors, la réglementation desdites données (et notamment de leur collecte et utilisation) sera susceptible d'impacter son développement et/ou son fonctionnement.

111. A ce titre, Cédric VILLANI précise que « *l'accès à la donnée reste néanmoins une condition essentielle de l'émergence d'une industrie française et européenne de l'IA. Dans un monde de plus en plus automatisé, c'est de cet accès que dépendent la vitalité et la performance de notre recherche et de l'action publique, mais aussi notre capacité collective à déterminer la trajectoire de l'intelligence artificielle à dessiner les contours de notre société automatisée.* »[33]

112. Par ailleurs, il est possible de penser que l'utilisation de l'intelligence artificielle peut porter atteinte aux données personnelles et aux libertés individuelles de chacun : il en est ainsi de l'utilisation de l'intelligence artificielle aux fins de profilage.

113. Il faut être conscient que l'utilisation de l'intelligence artificielle peut permettre à son bénéficiaire de pouvoir connaître les préférences

---

[33] Rapport Cédric VILLANI, Donner un sens à l'intelligence artificielle, pour une stratégie nationale et européenne, 28 mars 2018

d'achat d'une personne, ses centres d'intérêt ou d'analyser son comportement.

3. <u>APPLICATIONS</u>

114. Les applications de l'IA sont dites « smart », qualificatif appliqué à tous les objets connectés, intelligents, ou prédictifs. C'est une IA qui trie nos photos, élabore un trajet sur Google Maps, met en avant certaines informations sur Facebook ou Instagram, filtre les spams dans nos boîtes mail, nous recommande des morceaux sur Spotify ou des livres sur Amazon, des lieux de vacances sur Booking ou Airbnb. La reconnaissance vocale permet à Youtube de mettre en place sur ses vidéos le sous-titrage automatique. On s'aperçoit rapidement que tous les secteurs ont vocation à être réinventés et améliorés grâce à l'IA.

115. D'après les chiffres PwC de 2017[34] 42% des consommateurs utilisent déjà un assistant personnel. Les hommes d'affaires interrogés laisseraient à leur assistant virtuel le soin de faire l'administratif (82%), l'organisation (79%) et la comptabilité (69%).

116. La société Hongkongaise Deep Knowledge Ventures a nommé au début de l'année 2014, un algorithme nommé Vital, à son conseil d'administration. Cet algorithme participera à la prise de décision de l'entreprise, recommandera ou au contraire écartera des investissements trop risqués.

117. Au Royaume-Uni, une banque a décidé de substituer ses conseillers clientèles par une IA

---

[34] Bot.Me : a revolutionary partnerhip

nommée Luvo, programmée pour gérer les placements de sommes entre 500 et 250 000 €, ce n'est qu'au-dessus de ce montant qu'un humain redevient compétent et présent.

118. La banque et les assurances sont des secteurs où l'IA est mûrement envisagée. Ainsi, d'après une étude Accenture 2017, 78% des banquiers interrogés estiment que l'IA peut devenir une interface qui simplifierait l'expérience client. Et ce sont 85% des dirigeants qui déclarent qu'ils investiront de façon massive dans les technologies liées à l'IA dans les trois prochaines années.

119. Le Crédit Mutuel a parié sur Watson pour trier par rang de priorité les mails reçus par les conseillers, et répondre aux interrogations en matière d'épargne, d'assurance auto et d'assurance habitation. C'est également Orange Bank qui a noué un partenariat avec Watson pour mieux servir ses clients, notamment via un assistant virtuel.

120. Ross, mis au point par IBM, est un programme de recherche qui permet de suppléer les avocats en plongeant dans les centaines de milliers de documents juridiques pour y trouver une réponse à apporter au client. Ce programme est capable notamment d'analyser la jurisprudence. C'est un assistant personnel complètement autonome sur la recherche juridique, il est capable de lire, comprendre, effectuer des recherches et de formuler des hypothèses. Cela a pour conséquence de permettre aux avocats de passer moins de temps à faire de la recherche, et se concentrer sur l'analyse. Ross a été acquis par le cabinet américain

BakerHostetler en mai 2016. D'autres startups parient sur la recherche juridique, ou la rédaction de documents juridiques notamment des contrats.

121. A côté de la justice prédictive, la « *police prédictive* » fait ses premiers pas : En Angleterre, à Durham, la police est assistée d'un programme d'AI nommé Hart. Celui-ci, conçu par la police de Durham et l'université de Cambridge, doit, à partir de l'apprentissage de cinq années d'archives de leur police, évaluer les risques que représente un suspect, et décider s'il est nécessaire de le placer ou non en détention. Testé durant l'année 2013, ses prévisions de risque faible se sont révélées juste à 98%, et celles de risque élevé à 88%. La police va continuer à utiliser cet outil sur des cas choisis aléatoirement. Aux Etats-Unis, plusieurs états disposent d'un outil du même type nommé COMPAS, mais qui lui est décrié pour ses soupçons de racisme et pour l'opacité de ses algorithmes.

122. Le robot conversationnel (dit *bot* ou *chatbot*) a fait son apparition et est très sollicité par les entreprises. Il permet à une marque de pousser un produit ou un service directement vers le consommateur final. Grace à l'IA, le *bot* peut interagir avec un utilisateur d'une manière conversationnelle sur un périmètre défini. Dès avril 2016, Facebook a ouvert le *bot* Messenger aux marques, et en novembre 2016 ce sont près de 33 000 *bots* qui ont été créés.

123. Le robot sexuel existe d'ores et déjà : En 2017, la société américaine RealBotix avait annoncé la commercialisation de son robot sexuel

HARMONY, sex-toy nouvelle génération intégrant une intelligence artificielle. Cette même société a récemment annoncé l'arrivée de HENRY, robot sexuel masculin destiné aux femmes. Par ailleurs, la société chinoise WMDOLL a doté ses poupées sexuelles d'intelligence artificielle en 2018.

124. Au Washington Post, c'est l'IA Heliograf qui est utilisée comme une aide à la rédaction. Créée pour suppléer les journalistes lors des Jeux Olympiques de 2016, Heliograf rédigeait alors des articles courts sur l'actualité de la compétition.

125. Les IA sont aujourd'hui capables de poser un diagnostic médical. Watson d'IBM a été capable de détecter un cancer où les médecins avaient du mal à poser un diagnostic. Des chercheurs de Stanford ont prouvé qu'une IA, entraînée par 129 459 images, détecte les cancers de la peau aussi bien qu'un groupe de dermatologue, sur 2000 cas. En 2018, un système d'intelligence artificielle a battu 15 médecins chinois sur le diagnostic de tumeurs cérébrales et les prédictions d'expansion d'hématomes. L'Intelligence Artificielle a réussi à établir à 87% de diagnostics corrects sur 225 cas en seulement 15 minutes. De leur côté, les médecins ont atteint une précision de 66% en 30 minutes.

126. Dans le secteur de l'éducation, des applications permettent aux élèves de continuer à travailler et apprendre de manière personnalisée en dehors des classes, avec des professeurs virtuels de mathématiques. L'application Gojimo permet de faire des exercices et réviser ses cours. Ces applications permettent de reproduire les bienfaits

du tutorat individuel. L'IA suit les étapes cognitives d'apprentissage de l'élève, et propose des recommandations et exercices adaptés.

127. Dans le secteur de la musique, des albums sont dorénavant composés à l'aide d'une intelligence artificielle. Il en est ainsi de l'album « *Hello World* » présenté par François PACHET, chercheur en intelligence artificielle chez Spotify et directeur de Flow records.

128. Dans le monde de l'art, un tableau « peint » par une intelligence artificielle sera bientôt mis aux enchères par la maison Christie's.

129. Amazon a conçu la caméra connectée Echo Look afin de donner des yeux à Alexa, son assistante virtuelle. Cet objet connecté a pour objectif d'aider l'utilisateur à choisir ses vêtements, en analysant ce qu'il porte et en lui prodiguant des conseils. C'est une manière pour Amazon de s'immiscer jusque dans la chambre de ses utilisateurs. Amazon dispose aussi d'une enceinte connectée, Amazon Echo, service d'assistance vocale. Amazon a publié en open data la technologie présente dans son enceinte, afin que chacun puisse fabriquer des applications ou des objets connectés fonctionnant en collaboration avec Echo. Ainsi, Alexa est aujourd'hui intégrée dans une multitude d'objets connectés, comme les télévisions et tablettes d'Amazon, le système d'interphone Nucleus, l'assistant haut-parleur intelligent Lenovo, un réfrigérateur LG, et dans des voitures de société Ford et Volkswagen.

130. Par ailleurs et en 2017, le directeur de Tesla Motors et de SpaceX Elon MUSK a créé une start-up nommée Neuralink. Elle a pour objet de mettre au point de nouvelles interfaces hommes-machines implantées dans le cerveau. Facebook s'est également lancé dans un projet similaire, baptisé Building 8, présenté durant la conférence F8 d'avril 2017, qui vise à créer de nouvelles interfaces entre les hommes et les machines, sans passer par des claviers ou la reconnaissance vocale, mais directement par la pensée. Pour l'heure, ces recherches sont toujours en cours.

131. En 2018, un chercheur japonais du nom de Yukiyasu Kamitani a développé une IA capable de lire dans les pensées et de recomposer les images mentales qui s'y trouvent. Pour la mettre au point, Yukiyasu Kamitani s'est appuyé sur l'imagerie par résonance magnétique fonctionnelle, technique visant à enregistrer les variations hémodynamiques cérébrales lors d'une stimulation aux fins de visualiser l'activité cérébrale.

Conclusion

132. Conscients des avancées exponentielles de l'intelligence artificielle et de ses promesses, de nombreux acteurs investissent sur cette dernière.

133. L'Intelligence Artificielle a prouvé ces derniers temps pouvoir avancer plus vite que l'homme. Récemment :

- Google a développé une IA capable de générer elle-même sa propre IA (qui a surclassé l'IA créée par l'homme).
- Deux IA du laboratoire de recherche de Facebook ont développé leur propre langage.

134. À l'avenir, les investissements afférents à l'intelligence artificielle iront principalement dans l'établissement d'une certification de ses systèmes : Il sera effectivement nécessaire de pouvoir contrôler l'IA et de ne pas perdre la mainmise sur cette dernière.

135. L'illustration des formidables avancées de l'intelligence artificielle est la voiture autonome, qui, depuis quelques années à peine, s'invite sur nos routes.

CHAPITRE 3 LES VOITURES AUTONOMES

136. Nous ne faisons plus attention à toutes les options que les constructeurs automobiles nous proposent, mais l'intelligence artificielle et la technologie sont extrêmement présentes dans les voitures, qui sont équipées de fonctions automatisées, telles que l'aide au stationnement, l'assistance au freinage, la détection des angles morts, ou l'aide au maintien dans la file. Les voitures entièrement autonomes constituent l'étape suivante, mais celle-ci n'est plus très loin. De la sorte, nous allons passer d'une voiture de plus en plus intelligente, équipée de nombreuses aides à la conduite, à la voiture totalement autonome.

137. Le rêve de voir les voitures rouler de manière totalement autonome n'est pas nouveau. En 1977, un laboratoire japonais parvient à faire rouler une voiture totalement autonome sur un circuit à 30 km/h. En 1984, le constructeur Daimler- Benz fait rouler une voiture à 100 km/h sur une route sans trafic. Puis en 1994, deux voitures en situation réelle, sur une autoroute, à une vitesse de 130 km/h. L'année suivante, ce véhicule effectue un aller-retour entre Munich et Copenhague.

138. Les avantages attendus sont la sécurité, le respect de l'environnement avec moins de rejets de CO_2, une économie d'essence, une fluidité du trafic, une facilité de transport pour les personnes dans les zones isolées, les seniors, ou les personnes à mobilité réduite.

139. La mobilité du futur révolutionnera également les usages, les conducteurs pourraient se tourner vers le covoiturage engendrant des coûts partagés donc moins élevés et la disparition de millions de voitures, ou au contraire, profiter de la voiture pour travailler ou dormir. Chacun s'appropriera ce nouvel espace et cette nouvelle mobilité comme il l'entend.

140. Le rapport Final sur les impacts de la voiture autonome confié par le Commissariat Général à l'investissement au CVT Athéna met en avant le fait que « *l'adaptation sociale des conditions d'usage pourrait notamment se développer à partir des catégories de véhicules autonomes apportant les services suivants :*

- *Offrir du temps de transport utile (de qualité) en libérant des tâches de conduite les utilisateurs de véhicules personnels à conduite automatisée utilisables en mode d'autonomie partielle ou totale sur certains réseaux routiers, ayant vocation à aller partout sans limitation de vitesse ;*
- *Assurer un transport porte-à-porte aux personnes ne disposant pas d'une voiture individuelle, par des services de robots-taxis utilisables en mode d'autonomie partielle ou totale sur certains territoires ou itinéraires routiers ;*
- *Proposer un transport collectif à forte fréquence (notamment dans les périphéries à faible densité) par des services de navettes collectives autonomes, (véhicules*

spécifiquement urbains à vitesse limitée), aptes à circuler sur des itinéraires sécurisés, notamment pour le rabattement vers des stations de transports massifiés (RER, métro, tramway) [35]»

141. En théorie, la voiture autonome pourrait réduire les accidents de la route, libérer l'espace urbain occupé par des places de stationnement, et réduire les embouteillages. L'argument principal mis en avant par les constructeurs est en effet la réduction des accidents de la route, lorsque, selon les chiffres de la Sécurité Routière (Observatoire National Interministériel de la Sécurité Routière), 90% des accidents de la route sont liés au comportement du conducteur, que ce soit la vitesse, la fatigue, ou l'alcool, 94% aux Etats-Unis selon la NHTSA. Les constructeurs automobiles avancent ainsi l'argument de la sécurité puisque leur voiture ne commettra pas d'erreur humaine. Et puisque selon la locution latine « *l'erreur est humaine* » (*errare humanum est*), les constructeurs et ingénieurs se targuent d'annihiler ce risque d'accident en déléguant la conduite à des voitures dites intelligentes.

142. En pratique, de récents accidents mortels suite à l'utilisation de la voiture autonome ont eu lieu.

- Le 18 mars 2018, une piétonne a été percutée par une voiture autonome de la compagnie Uber, en Arizona et a succombé des suites de cet accident.

[35] Rapport Final, Etude des impacts de la voiture autonome sur le design du grand Paris, CVT ATHENA, Mai 2017

- Quelques jours plus tard, le 23 mars 2018, un accident mortel impliquant une voiture autonome Tesla est survenu en Californie. Cet accident a coûté la mort à un homme de 38 ans.
- En mai 2018, une voiture Tesla en mode semi-autonome a une nouvelle fois eu un accident. Elle a percuté une voiture de police en stationnement. Là encore et face à ces multiples accidents, l'utilisation du logiciel « Autopilot » a été mise en cause.
- Dans le même mois, l'une des voitures autonomes de la flotte Waymo (filiale d'Alphabet) a été impliquée dans un accident ayant occasionné des dégâts significatifs matériels (dans l'Arizona).

143. Ces faits ont considérablement revivifié les débats sur l'utilisation dans les prochaines années, de la voiture autonome. La multiplicité des accidents a suscité les craintes des citoyens concernant l'utilisation de cette nouvelle technologie : la fiabilité d'une telle avancée n'est pour l'heure, pas ancrée.

144. Aujourd'hui et plus que jamais, de nombreux gouvernements et de nombreuses entreprises font de la voiture autonome, une priorité et ce, en dépit des nombreuses craintes soulevées récemment par les citoyens suite aux divers accidents ayant eu lieu (Tesla/ Uber). Selon une étude du Cabinet McKinsey de janvier 2017, jusqu'à 15% des voitures vendues en 2030 pourraient être totalement autonomes. Guillaume Crunelle de Deloitte estime que « *des vraies navettes autonomes, c'est faisable*

pour 2020. Mais la vraie rupture, ce sera en 2025 2030 ».

145. Pour l'heure, le récent rapport de synthèse « France Intelligence Artificielle » souligne le fait que si les enjeux associés au développement du véhicule autonome sont en premier lieu d'ordre technologique, ils sont également et surtout sociétaux et éthiques…[36]

[36] FRANCEIA. Rapport de synthèse – France INTELLIGENCE ARTIFICIELLE, Ministère de l'économie et des finances; Secrétariat d'Etat à l'enseignement supérieur et à la recherche; Mars 2017

1. <u>DEFINITIONS</u>

146. Deux types d'intelligence doivent être distingués : la conduite assistée et la conduite sans conducteur.

- La première est déjà présente dans les voitures, lorsque celle-ci garde une distance de sécurité et freine seule si nécessaire, ou se gare seule dans les places de stationnement. Ces options qui rendent notre conduite plus facile et sécurisée ne nécessitent pas d'ajustement juridique, le conducteur est toujours seul maître de son véhicule, il doit garder son attention sur la route, et reste responsable.

- La conduite sans conducteur est celle d'une voiture qui serait totalement autonome, le conducteur n'a pas besoin d'être attentif à la route ni même d'être derrière le volant, qui disparaitrait. Cette nouvelle configuration, qui n'en est encore qu'à ses balbutiements, nécessite de revoir et d'adapter le droit actuel, notamment s'agissant des inquiétudes en cas d'accident.

147. La voiture autonome fonctionne à partir de données collectées par la voiture via ses capteurs, ou de données hébergées dans le cloud. Données qui sont traitées par l'intelligence artificielle de la voiture, afin qu'elle prenne les décisions mises en œuvre par les actionneurs.

148. Parallèlement, la recherche se porte sur les infrastructures qui, connectées, communiquent directement avec les voitures, ce qui permet aux voitures d'avoir une connaissance plus fine de leur environnement et de les rendre plus opérationnelles.

149. Depuis les années 2000, de nombreuses fonctionnalités apparaissent pour assister les conducteurs et ainsi augmenter leur confort et la sécurité. Ce sont notamment les systèmes de parking, de trajectoire de voie, d'adaptation de la vitesse, et de conduite sur autoroute.

150. L'Organisation Internationale des Constructeurs Automobiles (OICA) a édicté un classement officiel des différents niveaux d'intelligence :

- Niveau 0 : Le conducteur est seul maître à bord, avec des aides à la conduite.
- Niveau 1 : Quelques fonctions automatisées sont disponibles pour assister le conducteur, comme le régulateur de vitesse, le freinage d'urgence ou le maintien dans la voie.
- Niveau 2 : Automatisation partielle, le véhicule est notamment capable de voir les lignes blanches et connaître les vitesses, et de les maintenir. Le conducteur peut en théorie, lâcher les pédales et le volant.
- Niveau 3 : Automatisation conditionnelle, telle que la fonction embouteillage qui permet à la voiture de garder sa trajectoire et les distances, le conducteur peut, en théorie, lâcher les pédales et le volant.

- Niveau 4 : Haute automatisation, telle que l'option qui permet à la voiture d'aller se garer toute seule dans une place, un parking, ou dans son garage, sans la nécessité d'avoir un conducteur derrière le volant.
- Niveau 5 : Automatisation complète.

151. De manière similaire, la *National Highway Traffic Safety Administration* (NHTSA) a proposé sa classification :

- Niveau 0 : Conducteur seul, le conducteur contrôle toutes les fonctions de la voiture.
- Niveau 1 : Conduite assistée, une fonction est automatisée.
- Niveau 2 : Automatisation partielle.
- Niveau 3 : Automatisation conditionnelle, les fonctions de conduite sont suffisamment autonomes pour permettre que le conducteur n'ait pas besoin de suivre le système continuellement, tout en se tenant prêt à reprendre le contrôle.
- Niveau 4 : Niveau élevé d'automatisation, l'intervention du conducteur n'est pas nécessaire dans certains cas précis.
- Niveau 5 : Automatisation complète, la voiture se conduit seule sans conducteur humain.

152. L'entreprise Marsh & Mc Lennan dans son étude de mars 2017 considère qu'aujourd'hui, les voitures sont au niveau 1, bientôt au niveau 2, les niveaux 3 à 5 ne sont que pour l'avenir.

153. Nous emploierons dans ce chapitre l'expression de voiture autonome pour désigner de manière usuelle les voitures qui circulent en se passant de l'action du conducteur.

2. LA REGLEMENTATION FRANCAISE

154. Il a fallu attendre l'ordonnance du 3 août 2016[37]pour que la France autorise la circulation des voitures sans chauffeurs dites autonomes sur les routes à des fins de test. Celle-ci a pour objet d'autoriser l'expérimentation des voitures sans chauffeur.

155. Cette ordonnance a été possible grâce à l'article 37 de la loi du 17 août 2015[38] qui prévoit que « *le Gouvernement est autorisé à prendre par ordonnance toute mesure relevant du domaine de la loi afin de permettre la circulation sur la voie publique de véhicules à délégation partielle ou totale de conduite* ».

156. Cependant, le Code de la route en vigueur prévoit, à l'article R 412-6 que : « *Tout véhicule en mouvement ou tout ensemble de véhicules en mouvement doit avoir un conducteur (...) Tout conducteur doit se tenir constamment en état et en position d'exécuter commodément et sans délai toutes les manœuvres qui lui incombent* ». Ainsi, la circulation de véhicule totalement autonome est pour le moment exclue en France, la loi requiert en permanence un conducteur derrière le volant attentif à la route.

157. Ce problème est ainsi relevé dans le rapport au président de la République, relatif à l'ordonnance

---

[37] Ordonnance n°2016-1057 relative à l'expérimentation de véhicules à délégation de conduite sur les voies publiques

[38] Loi n°2015-992 relative à la transition énergétique pour la croissance verte

2016-1057 du 3 août 2016 concernant l'expérimentation de véhicules à délégation de conduite sur les voies publiques *« Or, à cet égard, des incertitudes demeurent quant à l'application des dispositions actuelles du code de la route à des expérimentations de véhicules dont l'aboutissement visent à supprimer la présence de tout conducteur à bord alors exigée en droit national et international. »* [39]

158. Le Gouvernement a lancé en 2017 un projet de stratégie nationale de développement du véhicule automatisé. Les principes mis en avant sont notamment, la progressivité de l'approche fondée sur l'expérience, la prééminence des enjeux de sécurité routière et de cyber sécurité, la vigilance des impacts sur la mobilité, l'environnement et l'acceptabilité, et la coopération étroite entre autorités publiques et industriels pour élaborer un cadre réglementaire.

159. Suite à l'ordonnance susvisée n°2016-1057 du 3 août 2016 relative à l'expérimentation de véhicules à délégation de conduite sur les voies ouvertes et à la circulation publique, le décret n°2018-211 du 28 mars 2018 relatif à l'expérimentation de véhicules à délégation de conduite sur les voies publiques a été rendu.

160. Notons à ce titre que la terminologie utilisée dans les textes français est celle de « *véhicule à*

---

[39] Rapport au Président de la République relatif à l'ordonnance n°2016-1057 du 3 août 2016 relative à l'expérimentation de véhicules à délégation de conduite sur les voies publiques

délégation de conduite » et non de véhicule autonome.

161. Les raisons de cette différence terminologique sont expliquées au sein du rapport au Président de la République relatif à l'ordonnance 2016-1057 du 3 août 2016 concernant l'expérimentation de véhicules à délégation de conduite sur les voies publiques: « *La loi du 17 août 2015 susmentionnée, quant à elle, introduit la terminologie de « véhicule à délégation partielle ou totale de conduite » (VDPTC) pour, d'une part, faire référence à ces technologies d'automatisation avancées du véhicule et, d'autre part, mettre en avant le changement fondamental de nature de l'acte de conduire* »[40] .

162. Le décret n°2018-211 du 28 mars 2018 a pour objet de déterminer les conditions de délivrance et les modalités de mise en œuvre de l'autorisation de circulation à des fins expérimentales de véhicules à délégation de conduite.

Concrètement, ce décret porte sur l'expérimentation de véhicules dans les cas suivants :

- Essais techniques
- Évaluation des performances en situation pour l'usage auquel est destiné le véhicule à délégation de conduite
- Démonstration publique, notamment lors de manifestations événementielles.

---

[40] Rapport au Président de la République relatif à l'ordonnance n°2016-1057 du 3 août 2016 relative à l'expérimentation de véhicules à délégation de conduite sur les voies publiques

Ce dernier va détailler la procédure afférente à la demande de délivrance de l'autorisation d'expérimentation.

163. Le décret n°2018-211 du 28 mars 2018 relatif à l'expérimentation de véhicules à délégation de conduite sur les voies publiques décrit également les conditions générales de l'expérimentation qui sont :

- De circuler sous couvert d'un certificat « WW DPTC » (Article 9).
- De mettre en œuvre « les *mesures nécessaires pour remédier aux événements susceptibles de porter atteinte à la sécurité* » (Article 10).
- D'être équipé d'un dispositif d'enregistrement permettant de déterminer à tout instant si le véhicule a circulé en mode de délégation partielle ou totale de conduite. (Article 11) : En cas d'accident, les données enregistrées au cours des dernières cinq minutes sont conservées par le titulaire de l'autorisation durant un an.

164. Par ailleurs, le décret susvisé impose les obligations suivantes au conducteur :

- Il doit être à tout instant en capacité de prendre le contrôle du véhicule, notamment en cas d'urgence ou lorsque le véhicule sort des conditions d'utilisation définies pour l'expérimentation (Article 12).
- Il doit avoir reçu une formation préalable adéquate aux fonctions de délégation de conduite mises en œuvre pendant l'expérimentation (Article 12).

Il est à noter que l'autorisation d'expérimentation peut permettre au conducteur du véhicule de se trouver physiquement à l'extérieur de ce dernier. Il doit alors être en mesure de prendre le contrôle du véhicule à tout instant (Article 12).

Enfin, le décret du 28 mars 2018 dispose :

- Les véhicules à délégation de conduite ne peuvent transporter que les personnes et le matériel autorisés par le conducteur, qui doit en faire mention dans un registre tenu à bord du véhicule.
- Les personnes transportées sont informées de leur participation à une expérimentation et doivent donner leur accord à cette participation.

Des dispositions particulières pour les véhicules affectés à un service de transport ont également été mises en vigueur.

165. Quelques semaines plus tard, l'arrêté du 17 avril 2018 relatif à l'expérimentation de véhicules à délégation de conduite sur les voies publiques a été promulgué. En l'occurrence, celui-ci concerne :

- La composition du dossier de demande d'autorisation de circulation d'un véhicule à délégation de conduite sur des voies ouvertes à la circulation publique,
- Les modalités de suivi et le contenu du registre créé pour répertorier les autorisations accordées.

166. Pour l'heure, l'objet de la réglementation afférente aux voitures autonomes s'avère très limité et n'abordera aucunement la question de la responsabilité, qui pourtant taraude de nombreux citoyens…

167. Il conviendra donc d'être vigilant à cet égard et d'attendre la prochaine réglementation.

168. Le rapport final sur les impacts de la voiture autonome confié par le Commissariat Général à l'investissement au CVT Athéna[41] met en avant le fait que « *la sécurité des systèmes de conduite automatisée repose sur un nouveau partage des responsabilités entre les acteurs du transport, qui restent à clarifier.* » Ce dernier met en exergue les problématiques à venir concernant la certification des logiciels d'automatisation de conduite, la cybersécurité et les risques d'intrusion dans les logiciels de pilotage automatique.

169. Dans les prochaines années, il sera nécessaire de savoir comment se partagent les responsabilités en cas d'accident, entre le propriétaire du véhicule, le conducteur du véhicule, le constructeur ou le fabricant du système de conduite et le développeur ayant codé les programmes de la voiture autonome. La loi actuelle n'est pour l'heure, aucunement adaptée à cette situation en ce qu'elle repose sur un principe de responsabilité personnelle du conducteur.

---

[41] Rapport Final, Etude des impacts de la voiture autonome sur le design du grand Paris, CVT ATHENA, Mai 2017

170. Actuellement, aucune disposition spécifique ne permet de poser un cadre légal pour la réparation des dommages causés par un véhicule autonome.

171. En tout état de cause, le code de la route devra nécessairement s'adapter à ce nouveau mode de conduite.

172. Le projet de loi relatif à la croissance et à la transformation des entreprises (« PACTE ») enregistré à la présidence de l'Assemblée Nationale ambitionne d'ores et déjà réviser le cadre juridique permettant l'expérimentation sur certains axes routiers de véhicules autonomes[42].

173. A l'avenir, le cadre juridique de l'expérimentation sera modifié afin que les éventuelles dérogations au Code de la route soient accompagnées, au niveau législatif, de dispositions spécifiques en matière de responsabilité, notamment pénale.

174. De plus, le législateur considère qu'il est nécessaire d'élargir le champ d'expérimentation de la voiture autonome afin de ne pas freiner les expérimentations qui sont nécessaires à la compétitivité du secteur industriel et aux

---

[42] Projet de loi n°1088 relatif à la croissance et à la transformation des entreprises enregistrée à la Présidence de l'Assemblée Nationale, présenté au nom de Monsieur Edouard PHILIPPE, premier ministre et par Monsieur Bruno Le Maire, ministre de l'économie et des finances, Juin 2018

développements de nouveaux services de mobilité[43].

[43] Projet de loi n°1088 relatif à la croissance et à la transformation des entreprises enregistrée à la Présidence de l'Assemblée Nationale, présenté au nom de Monsieur Edouard PHILIPPE, premier ministre et par Monsieur Bruno Le Maire, ministre de l'économie et des finances, Juin 2018

3. LA REGLEMENTATION EUROPENNE

3.1 La Convention de Vienne

175. La Convention sur la circulation routière, signée à Vienne le 8 novembre 1968 est le texte dont découle les règles élémentaires que l'on retrouve dans les codes de la route de plus d'une centaine de pays où la Convention est en vigueur, de l'Europe au Brésil, la Russie, ou l'Afrique du Sud. Cette Convention établit les règles relatives à la signalisation routière, les manœuvres, l'arrêt des véhicules, les passagers, la circulation dans les tunnels, c'est-à-dire toutes ces situations typiques de la conduite automobile.

176. La Convention de Vienne de 1968 est le texte qui actuellement règle les questions de responsabilité. Son article 8 impose « *1. Tout véhicule en mouvement ou tout ensemble de véhicules en mouvement doit avoir un conducteur. (...) 5. Tout conducteur doit constamment avoir le contrôle de son véhicule* ». Le conducteur est défini comme « *toute personne qui assume la direction d'un véhicule, automobile ou autre* » (Article 1).

177. La Commission Economique des Nations Unies pour l'Europe a modifié cette Convention, en intégrant à son article 8, un alinéa « *5bis. Les systèmes embarqués ayant une incidence sur la conduite du véhicule sont réputés conformes (...) s'ils sont conformes aux prescriptions en matière de construction, de montage et d'utilisation énoncées (...)* [ou] *pour autant qu'ils puissent être neutralisés ou désactivés par le conducteur* ». Cette disposition

est entrée en vigueur le 23 mars 2016, les pays membres doivent maintenant la ratifier. Cet amendement n'a pas modifié le rôle actif du conducteur qui conserve le contrôle et/ou la maitrise du véhicule.

178. Pour l'heure, le gouvernement belge et le gouvernement suédois proposent un nouvel amendement qui ajouterait l'alinéa 5 *quater* afin de supprimer la référence à l'alinéa 1er qui impose la présence d'un conducteur. Il serait alors distingué les aides à la conduite à l'article 8 5bis, de la conduite partiellement déléguée à l'article 8 5ter, et de la conduite totalement déléguée à l'article 8 5quater à travers deux nouvelles dispositions.

3.2 La Déclaration d'Amsterdam

179. Les Ministres des Transports des 28 pays membres de l'Union Européenne ont porté la déclaration d'Amsterdam des 14 et 15 avril 2016. Celle-ci vise à élaborer les règles et réglementations permettant la circulation des véhicules autonomes sur les routes européennes, en invoquant leur grand potentiel. Les interrogations portent sur la responsabilité, le respect de la vie privée, la sécurité informatique, le trafic et le réseau routier. Les pays s'engagent ainsi à développer une stratégie européenne commune en matière de voitures autonomes et connectées sur les routes européennes.

180. Les ministres, dans cette déclaration, soulignent tout d'abord les nombreux avantages de la voiture connectée et autonome. Celles-ci permettront

notamment de rehausser la sécurité routière, de réduire les émissions de gaz à effet de serre ou de permettre aux personnes ne pouvant pas (ou plus) conduire d'avoir un moyen de déplacement. Ils reconnaissent également l'importance de renforcer la position de l'Europe comme l'un des leaders mondiaux et de proposer un cadre légal européen cohérent afin d'assurer le déploiement des voitures intelligentes et de résoudre les difficultés que celles-ci posent. Les ministres précisent aussi vouloir encourager une proche collaboration internationale, en particulier avec le Japon et avec les Etats-Unis, pour en arriver à des standards internationaux.

181. Enfin, ils établissent les mesures nécessaires devant être prises par les Etats membres, par la Commission Européenne et par l'industrie automobile afin d'assurer le développement de la technologie autonome au sein de l'Union. Les Etats membres devront ainsi identifier et si possible retirer les barrières légales à l'expérimentation et au déploiement des véhicules connectés et autonomes. La Commission Européenne, quant à elle, devra notamment construire une stratégie européenne en la matière et modifier ou adapter la cadre règlementaire européen afin d'assurer le développement et l'utilisation de voitures intelligentes. L'industrie, enfin, devra elle aussi se focaliser sur l'accomplissement de tâches, comme la participation active au développement de la stratégie européenne.

3.3 <u>La Résolution de Mady Delvaux</u>

182. Au niveau européen, une réglementation propre aux voitures autonomes n'a pas encore été adoptée, bien qu'elle soit actuellement envisagée. Effectivement, le 16 février 2017, le Parlement européen a adopté en séance plénière la Résolution du Parlement européen contenant des recommandations à la Commission concernant des règles de droit civil sur la robotique.

183. Cette Résolution, élaborée le 31 mai 2016 par l'eurodéputée luxembourgeoise Mady Delvaux, souligne la nécessité de l'adoption d'un cadre juridique et éthique pour les robots, et demande à la Commission Européenne d'établir des règles de droit civil concernant la robotique, notamment pour les véhicules autonomes.

184. Cette demande figure au point 25 de ladite Résolution : « *Le Parlement européen [...] estime que le secteur automobile est celui qui a le plus besoin de règles efficaces, tant internationales qu'au niveau de l'Union, pour que les véhicules automatisés et autonomes puissent se développer de manière transfrontalière de manière à exploiter pleinement le potentiel économique de ces véhicules et bénéficier des effets positifs des tendances technologiques; souligne qu'un morcellement des approches réglementaires entraverait la mise en application des moyens de transport autonomes et compromettrait la compétitivité européenne* ».

185. Aucune législation européenne propre aux voitures autonomes n'existe donc pour le moment. Cependant, le Parlement européen dans ce document, établit clairement son intention de doter l'UE d'une législation propre en la matière, et demande à la Commission Européenne de se pencher sur l'élaboration d'une proposition de directive.

3.4 L'Allemagne

186. En Allemagne, les initiatives suivantes ont été lancées :

- Celle de prévoir une boîte noire dans chaque véhicule sur le même modèle que celle présente dans les avions
- Celle de créer une commission d'éthique sur la voiture autonome afin de s'interroger sur le comportement de la voiture autonome lorsque l'accident est inévitable.

187. La France et l'Allemagne ont noué une expérimentation commune, à travers une lettre d'intention visant à créer le premier site expérimental transfrontalier au monde pour tester les technologies des voitures autonomes. Le parcours ira de Metz, en France, à Merzig, en Allemagne.

3.5 Le Royaume-Uni

188. Le Royaume-Uni s'est rapidement intéressé au marché des voitures autonomes.

189. Dès février 2015, le Département des Transports du Royaume-Uni publiait un rapport intitulé « *The Pathway to Driverless Cars* ». Ce rapport prévoyait la possibilité d'effectuer des tests de voitures autonomes au Royaume-Uni, et envisageait les conditions devant être respectées.

190. Le Royaume-Uni n'est pas en reste car un prototype de la société Transport Systems Catapult a d'ores et déjà roulé au cœur de Londres dans une zone piétonne, avec des passagers à bord pour un premier test à 8 km/h, à l'automne 2016.

4. AUX ETATS-UNIS

191. Les Etats-Unis possèdent une véritable avance technologique et juridique en la matière, puisqu'ils ont été les précurseurs en édictant des réglementations du côté de la Silicon Valley et du Nevada dès la loi du 16 juin 2011, entrée en vigueur le 1er mars 2012, qui a permis à Google de faire ses premiers tests sur la voie publique.

192. La Californie a suivi le pas avec la loi du 16 septembre 2014. Puis en Floride, le 4 avril 2016, la loi a autorisé la circulation de voitures autonomes pour la première fois en situation réelle.

193. Selon la législation en vigueur au Nevada[44], une voiture autonome est « *un véhicule motorisé équipé d'une technologie autonome* ». La technologie autonome étant quant à elle définie comme « *la technologie installée dans un véhicule motorisé et qui a la capacité de conduire un véhicule motorisé sans intervention ou supervision d'un opérateur humain* ».

194. A la suite du Nevada, 7 autres Etats américains ont autorisé la circulation des voitures autonomes sur leurs autoroutes à des fins de test, la Californie et la Floride en 2012, le Michigan en 2013, le Dakota du Nord, l'Utah et le Tennessee en 2015, la Louisiane en 2016.

---

[44] Nevada Revised Statutes Chapter 482A: https://www.leg.state.nv.us/NRs/NRS-482A.html

195. A ces 8 États s'ajoute le District de Columbia, qui autorise les tests de voitures autonomes depuis 2013.

196. Le 4 avril 2016, la Floride est devenue le premier Etat à autoriser la circulation réelle des voitures autonomes, l'exigence d'une utilisation à des fins de test du véhicule autonome étant supprimée[45].

197. Plusieurs conditions relatives à l'utilisation d'une voiture autonome (à des fins d'expérimentation ou en circulation réelle) sont posées au sein de ces réglementations américaines :

- Une personne titulaire d'un permis de conduire valide doit toujours être présente à bord du véhicule.
- Le véhicule doit respecter les règlements et les normes de sécurité fédérales applicables.
- La voiture autonome doit être équipée d'un système permettant d'alerter l'opérateur du véhicule en cas de problème et de lui permettre de reprendre le contrôle manuel du véhicule. Si l'opérateur ne reprend pas le contrôle du véhicule, ou n'en est pas capable, la voiture autonome doit être équipée d'un système permettant l'arrêt complet du véhicule.
- Le véhicule autonome doit être équipé d'une plaque d'immatriculation spécifique et d'un indicateur visuel indiquant si la voiture est en mode autonome.

[45] Florida : House Bill No. 7027, 4 avril 2016.

198. La législation en vigueur en Californie en matière de voitures autonomes prévoit par ailleurs la nécessaire présence d'une sorte de « boîte noire» dans les voitures autonomes en circulation. En effet, il est prévu au sein du Senate Bill n°1298 californien que « *le véhicule autonome opérant en mode autonome doit être équipé d'un mécanisme permettant de recueillir et stocker les données collectées par la voiture autonome durant les 30 secondes minimum précédant l'accident entre la voiture autonome et un autre véhicule, un objet, ou une personne [...] Les données collectées doivent être conservées pendant 3 années à compter de la date de l'accident* ».

199. Le 26 février 2018, l'Office of administrative law California a approuvé des règlements régissant les essais sans conducteur et l'utilisation publique de véhicules autonomes sur les routes californiennes. Avant l'entrée en vigueur de ces règles, les véhicules autonomes ne pouvaient être testés en Californie qu'avec un conducteur agréé.

Ce deuxième ensemble de règlements pour les véhicules autonomes en Californie établit des règles pour tester la technologie autonome sans conducteur et la façon dont les constructeurs peuvent permettre au public d'utiliser des voitures auto-propulsées.

Le règlement est entré en vigueur le 2 avril 2018, et le département californien des véhicules à moteur (ci-après « DMV » : *California Department of*

Motor Vehicles) peut commencer à délivrer des permis à cette date.

Le DMV est tenu d'adopter des règlements qui couvrent à la fois les essais et le déploiement des véhicules autonomes. Les règlements d'essai qui exigent qu'un conducteur se trouve derrière le volant sont entrés en vigueur en septembre 2014. A ce jour, 50 constructeurs disposent d'un permis pour tester des véhicules autonomes avec chauffeur. Les fabricants peuvent continuer à demander un permis d'essai avec un conducteur.

En vertu de la nouvelle réglementation, les constructeurs de véhicules doivent obtenir du DMV un test sans conducteur et/ou un permis de déploiement et se conformer aux exigences du permis, s'ils souhaitent tester un véhicule autonome sans conducteur ou permettre au public d'utiliser leur technologie autonome.

Les exigences relatives aux tests de conduite sans conducteur sont notamment les suivantes :

- Certifier que les autorités locales, où les véhicules seront testés, ont reçu une notification écrite.
- Certifier que le véhicule d'essai autonome est conforme aux exigences qui comprennent un lien de communication entre le véhicule et l'opérateur à distance, un processus de communication entre le véhicule et les forces de l'ordre, et une explication de la façon dont le fabricant surveillera les véhicules d'essai.

- Soumettre une copie d'un plan d'interaction avec les organismes d'application de la loi.
- Certifier que le véhicule d'essai autonome satisfait à toutes les normes fédérales de sécurité des véhicules à moteur (FMVSS) ou fournir la preuve d'une exemption de la National Highway Traffic Safety Administration (NHTSA).
- Certifier que le véhicule d'essai autonome est capable de fonctionner sans la présence d'un conducteur et répond à la description technologique autonome d'un niveau 4 ou 5 selon les définitions de la Society of Automotive Engineers (SAE).
- Informer le DMV des domaines de conception prévus.
- Maintenir un programme de formation pour les opérations à distance et certifier que chaque opérateur a terminé sa formation.
- Soumettre un rapport annuel de désengagement et soumettre les rapports de collision au DMV dans les 10 jours.

Si le véhicule n'a pas besoin d'un conducteur, le fabricant doit également certifier d'autres exigences, y compris un lien de communication entre le véhicule et un opérateur à distance et la possibilité d'afficher ou de transférer des informations sur le propriétaire ou l'opérateur du véhicule en cas de collision.

Depuis lors, des véhicules autonomes peuvent rouler sur des routes ouvertes en Californie.

Face à ce nouveau dispositif législatif, les entreprises comme Waymo, filiale d'Alphabet ou Cruise multiplient les tests sur les routes californiennes.

Jean Shiomoto, directeur du DMV a déclaré dans un communiqué que cette avancée constituait « *un grand pas en avant pour la technologie autonome en Californie* [46]».

200. La NHTSA, l'autorité en charge de la sécurité routière aux Etats-Unis, a considéré, en février 2016, en réponse à une requête de Google, que l'intelligence artificielle pilotant leur voiture autonome peut être considérée comme un conducteur, « *la NHTSA interprètera le mot « conducteur » dans le contexte de description du projet de voiture, comme se référant au système de conduite autonome et pas à un des occupants du véhicule* », tous les occupants du véhicule sont ainsi des passagers. En 2018, cette dernière a fait valoir préférer se concentrer sur les accidents causés par les hommes plutôt que de réglementer le véhicule autonome.

201. Le Département américain des Transports a élaboré une liste de quinze attentes en matière de sécurité des voitures autonomes : le partage des données, l'intimité, la sécurité du système et la sécurité numérique, l'interface entre l'homme et la machine, le comportement en cas de collisions, l'éducation des consommateurs, la certification, le

46 https://www.dmv.ca.gov/portal/dmv/detail/pubs/newsrel/2018/2018_17

comportement après les collisions, les lois et la pratique, les considérations éthiques, le design opérationnel, la détection et les réponses à son environnement, la possibilité de se retirer en cas de dysfonctionnement, et la validation.

202. Pour l'heure, des contestations se font entendre. Il en a été ainsi à Chicago où deux conseillers municipaux ont déposé un projet d'ordonnance le 14 septembre 2016 visant à interdire la circulation des voitures autonomes pour des raisons de sécurité. En Arizona, la réglementation afférente aux voitures autonomes a été dénoncée à plusieurs reprises comme étant laxiste a fortiori suite à l'accident mortel ayant récemment eu lieu entre un véhicule Uber et une piétonne.

5 EXPERIMENTATIONS ET CONDUITE DES VOITURES AUTONOMES

5.1 En France

203. Le constructeur français Renault vise le marché de la voiture autonome, et notamment le robot-taxi, en prévoyant la commercialisation dès 2020 d'un véhicule de niveau 4 de la conduite autonome, grâce à une voiture équipée de plusieurs capteurs, caméras, radars, ultra-sons, et lasers.

204. En juillet 2017, un partenariat a été signé entre le constructeur français et l'exploitant d'autoroutes Sanef, filiale de l'espagnol Albertis, afin de tester le fonctionnement des voitures autonomes dans le cadre autoroutier.

205. Le constructeur Citroën est le premier à avoir conduit sa voiture autonome au-delà de la plus grande barrière de péage d'Europe, à Saint Arnoult en région parisienne, avec 39 voies, exploitée par Vinci.

206. Depuis le 5 septembre 2016, des navettes autonomes et électriques, appelées Navly, circulent dans le quartier Confluence, à Lyon. Chaque navette circule à une vitesse moyenne de 7 km/h et peut transporter quinze personnes sur un parcours d'un kilomètre desservant 5 arrêts. Ce service expérimenté au départ pour une année, a été prolongé. Pour circuler sans risque et de manière

autonome, ces navettes sont dotées de capteurs performants (caméras stéréovision, lasers lidars, GPS RTK, odométrie) leur permettant d'assurer une navigation fiable et sécurisée. Si la navette est autonome, toutefois, un employé chargé d'aider les passagers et de reprendre en main le véhicule en cas de problème est présent à bord.

207. Le groupe RATP a initié récemment une expérimentation de navettes autonomes au CEA Paris-Saclay. Dans ce cadre, les navettes seront amenées à interagir avec les autres véhicules circulant sur le site, les piétons et les cyclistes. Elles devront également gérer le franchissement des intersections, des passages piétons et emprunter des ronds-points. Un opérateur sera présent à bord des véhicules. Cette expérimentation s'inscrit dans le cadre du projet SESNA, un projet collaboratif national de R&D sur les véhicules autonomes financé par BPI France et la Région Ile-de-France.

208. La banque publique d'investissement (BPI France) a apporté son aide financière afin d'ouvrir un centre d'essais de véhicules autonomes en région parisienne, opérationnel dès 2018.

209. Une étude menée par le Megacities Institute, en collaboration avec l'université NHBW de Stuttgart (Allemagne) et l'ESSCA au début de l'année 2017, a montré que les attentes des personnes sur les voitures autonomes sont une amélioration de la sécurité et des trajets sans stress, où la technologie suppléerait l'homme dans des conduites à risque, notamment la nuit ou sous la pluie. Cependant, après une heure de conduite dans un véhicule

automatisé de niveau 2, les participants ont montré une prise de conscience de l'immaturité de la technologie. De plus, la nuit et la pluie sont des conditions très difficiles, où la technologie n'a pas la capacité de s'accommoder de ces perturbations comme nous le faisons. Cependant, Raoul de Charrette, chercheur en vision par ordinateur à l'Inria, rappelle qu'il existe peu de prototypes sur lesquels les chercheurs travaillent réellement, et que peu de projets actuels fonctionnent dans un environnement ouvert.

210. Le 14 mai 2018, Anne-Marie IDRAC, dirigeante d'entreprise et femme politique française a présenté au gouvernement les orientations stratégiques pour l'action publique en matière de développement des véhicules autonomes. Dans le cadre de son rapport, cette dernière fait valoir que : « *L'objectif stratégique visé est de permettre la circulation, d'ici 2020 à 2022 selon les cas d'usage :*

- *de voitures particulières de niveau 3, dont les fonctions de conduite sont, dans des circonstances choisies par le conducteur si les conditions de circulation le permettent, totalement déléguées au véhicule,*
- *de voitures particulières de niveau 4, dont les fonctions de conduite sont, dans un domaine d'emploi prédéfini par le constructeur du véhicule, totalement déléguées au véhicule,*
- *de véhicules de transport public de personnes hautement automatisés, dont les fonctions de conduite sont, sur des parcours*

prédéfinis, totalement déléguées au véhicule, sans conducteur à bord, sous la supervision d'un système d'exploitation,

- *de véhicules de transport de marchandises automatisés, i.e. dont les fonctions de conduite sont, dans un domaine d'emploi prédéfini par le constructeur du véhicule, totalement déléguées au véhicule* »[47]

5.2 Europe

211. Le constructeur automobile Volvo a récemment initié une campagne auprès de particuliers aux fins d'expérimenter ses véhicules autonomes en Suède. A cet effet, l'autonomie de la voiture en question sera progressive. Les conducteurs recevront également une formation spécifique. Il a dans ce cadre été souligné que cette expérimentation grandeur nature permettrait au constructeur suédois de commercialiser un véhicule 100% autonome d'ici 2020.

212. En février 2018, le service Lyft (le principal concurrent de la société Uber) a communiqué sur l'ouverture de son premier centre européen à Munich. Cette antenne allemande sera dédiée au développement des technologies de conduite autonome.

---

[47] Rapport sur le développement des véhicules autonomes, Orientations stratégiques pour l'action publique, Mai 2018

213. En juin 2018, la maison mère de Mercedes et l'équipementier Bosch ont annoncé dans Automobilwoche qu'ils préparaient des essais de conduite autonome avec des « robotaxis », sans chauffeur. En l'occurrence, les deux géants allemands visent les niveaux d'autonomie 4 à 5 en conduite urbaine.

5.3 Aux Etats-Unis

214. Le constructeur Volvo a, dès 2015, conçu un système de conduite autonome, ainsi que différentes fonctionnalités d'aide à la conduite telles que le régulateur de distance, l'assistance au stationnement, la surveillance des angles morts, la détection des piétons et cyclistes. Le constructeur a également annoncé qu'il prendrait en charge l'entière responsabilité des accidents survenus en mode de conduite autonome.

215. BMW s'est associée avec Intel et MobilEye pour faire circuler une quarantaine de BMW Séries 7 dans la baie de San Francisco. Leur objectif est de commercialiser une voiture pleinement automatisée d'ici 2021.

216. BMW et Ford annoncent une production en série de leurs voitures autonomes pour 2021.

217. A Pittsburgh, quatre voitures autonomes Uber circulent depuis le 14 septembre 2016 en conditions réelles, les utilisateurs commandent une course VTC de manière classique via l'application mobile. Deux techniciens sont présents dans chaque voiture,

dont un assis à place du conducteur, afin d'observer le comportement de la voiture. Cependant, moins d'un an après le lancement de cette expérimentation, la ville de Pittsburgh fait entendre une voix dissidente, arguant qu'Uber n'encourage pas l'économie et la communauté locale, en ne créant pas d'emplois sur place, et provoque un manque à gagner pour la ville en réduisant les recettes venant des parkings payants.

218. En mars 2018, Waymo, la filiale de la société Alphabet spécialisée dans la conception de véhicules autonomes, a commencé à tester des camions-remorques autonomes sur les routes de Géorgie, au Sud-Est des États-Unis.

219. A Phoenix, Google déploie une flotte de voitures autonomes à destination des familles, qui peuvent emprunter leurs véhicules gratuitement pour leurs déplacements de tous les jours, et partager leurs impressions.

220. Elon Musk estime avec certitude que dans 10 ans, « *tous les véhicules produits* [aux Etats-Unis] *seront autonomes* », et que d'ici 20 ans « *il n'y aura plus de volant* ».

5.4 En Asie

221. A Singapour, une expérimentation de taxis autonomes a été lancée dès avril 2016, six voitures électriques et autonomes circulent dans un espace de quatre kilomètres carrés, avec des endroits désignés pour prendre et déposer des passagers, qui eux réservent leur course via une application

mobile. Un ingénieur est présent à l'intérieur de chaque taxi.

222. En Corée du Sud, Samsung a obtenu l'autorisation de faire circuler ses voitures autonomes sur les routes. Samsung embarque ses logiciels de conduite dans des voitures Hyundai, un opérateur reste à bord pour reprendre le contrôle en cas de problème. La Corée du Sud va plus loin en ouvrant aux constructeurs une ville de près de 35 hectares, reproduisant les conditions réelles de la circulation en ville, afin de servir de test aux véhicules autonomes.

223. Au Japon, le spécialiste de la robotique ZMP et la société de taxis Hinomaru Kotsu se sont lancés l'objectif, durant les jeux olympiques d'été de 2020, de transporter les athlètes et les spectateurs entre les différents sites à bord de véhicules autonomes, et même d'allumer la flamme olympique en voiture volante. Cependant, il ne faut pas s'y tromper, le rêve de la voiture autonome dans laquelle le volant a disparu, et propice aux activités de détente, ne sera pas réalisable avant 2030 ou 2035.

6 INTERROGATIONS ET DILEMMES

6.1 La sécurité

224. La multiplicité des accidents récents taraude les citoyens, qui pour l'heure doutent de la fiabilité d'une telle avancée technologique.

225. La voiture autonome en est encore à ses balbutiements et pourtant, des accidents surviennent. Le premier accident impliquant une Google Car a eu lieu en février 2016 en Californie. Un accident mineur car la Google Car avait prévu que le bus s'arrêterait pour la laisser passer, ce qui ne s'est pas passé. Google reconnait sa responsabilité et le logiciel sera affiné afin de « *mieux comprendre que les bus (et autres véhicules lourds) sont moins à même de nous céder le passage qu'à d'autres types de véhicules* ». Google a fait savoir que sur 2,7 millions de kilomètres parcourus, seulement 11 accidents sans gravité ont eu lieu.

226. De manière insolite, Google a déposé au début de l'année 2016 un brevet destiné particulièrement aux voitures autonomes, pour une technologie adhésive qui, présente sur le capot de la voiture, retiendrait le piéton percuté, au lieu de l'éjecter.

227. Le 24 mars 2017, c'est une voiture Uber qui a été impliquée dans une collision à Tempe dans l'Arizona, sans implication de la voiture autonome puisque l'autre voiture n'a pas respecté la priorité, mais la voiture Uber est passée au feu orange.

228. Le premier accident mortel a eu lieu en mai 2016 en Floride, avec une Tesla en mode Autopilot, qui n'avait pas détecté la remorque blanche d'un camion en raison des conditions météorologiques. L'enquête a écarté la responsabilité de Tesla et a conclu à la faute du conducteur qui était inattentif et n'avait pas réagi.

229. De ces évènements, se sont ensuivis de nombreux accidents mortels, impliquant des voitures autonomes de marques différentes.

230. Ces différents accidents ont revivifié les débats afférents à la voiture autonome et à ses algorithmes programmés.

231. La voiture autonome pose effectivement de nombreux dilemmes moraux, c'est-à-dire des situations dans lesquelles toutes les décisions possibles ont des effets néfastes : dans le cas où une collision est inévitable, qui la voiture autonome doit-elle sacrifier ? Le conducteur? Les passagers du véhicule ? Les piétons ?

232. La question de légiférer sur les algorithmes des véhicules autonomes taraude également. La loi pourrait par exemple imposer aux constructeurs le développement d'un algorithme sacrifiant les passagers du véhicule afin de sauver un plus grand nombre de piétons. Mais une telle réglementation freinerait l'achat des véhicules autonomes.

233. Une inquiétude légitime nait également du risque de la prise de contrôle de la voiture à distance

par une tierce personne. En effet, à la fin de l'année 2016, des chercheurs chinois en sécurité informatique ont réussi à prendre le contrôle à distance d'une voiture Tesla, leur permettant de déverrouiller les portières, d'ajuster la place du fauteuil, de plier les rétroviseurs, d'ouvrir le toit ouvrant, d'ouvrir le coffre et de freiner brutalement. On imagine alors les accidents qu'une telle prise de contrôle pourrait provoquer en situation réelle. Tesla a procédé immédiatement à une mise à jour. Elon Musk a fait de la sécurité sa première priorité, pour se prémunir d'un piratage qui viserait les voitures Tesla, « *nous devons nous assurer qu'un piratage de tout notre parc est fondamentalement impossible et que, si des gens sont dans la voiture, ils ont autorité sur tout ce que le véhicule fait* ».

234. En la matière, les questions afférentes à la sécurité, à la fiabilité du système et à la transparence des algorithmes programmés foisonnent. Ces épineuses problématiques ne sont pas nouvelles et doivent, dans les prochaines années pouvoir être résolues si l'on souhaite avancer significativement sur cette technologique porteuse.

6.2 La responsabilité

235. Le rapport de synthèse « France Intelligence Artificielle » souligne le fait qu'en la matière, il est essentiel de réfléchir aux questions de responsabilité et aux questions éthiques particulièrement dans les conséquences induites par

les décisions algorithmiques : itinéraires, priorités de circulation, situations d'évitement, etc[48].

236. Dès lors, la question cruciale qu'il reste à envisager aux fins de lui trouver une solution est celle de la responsabilité. La Convention de Vienne prévoit que le conducteur est responsable, même dans le cas d'une voiture autonome, aucune modification du régime de responsabilité n'a été envisagée. Cependant, il faut noter que cette notion de conducteur n'a jamais été précisément définie, car elle est facile et naturelle, mais avec l'arrivée des voitures autonomes, où la conduite est confiée à un ordinateur, qu'en est-il ?

237. Qui sera responsable dans le cadre d'un accident de la route impliquant une voiture autonome, occasionnant des blessures voire un homicide ? Trois options s'offrent, la responsabilité traditionnelle du conducteur et propriétaire du véhicule, celle du constructeur automobile, et celle du fabricant du logiciel.

238. En France, aucune réponse légale n'est pour l'instant donnée.

239. L'article L 121-1 du code de la route, ainsi que la loi Badinter[49] font peser sur le conducteur la responsabilité pénale et civile pour tout accident

[48] FRANCEIA. Rapport de synthèse – France INTELLIGENCE ARTIFICIELLE, Ministère de l'économie et des finances; Secrétariat d'Etat à l'enseignement supérieur et à la recherche; Mars 2017
[49] Loi n°85-677 du 5 juillet 1985 tendant à l'amélioration de la situation des victimes d'accidents de la circulation et à l'accélération des procédures d'indemnisation.

causé par le véhicule dont il a la maitrise. Ainsi, la victime est indemnisée des dommages corporels subis, sauf si elle a commis une faute inexcusable qui a exclusivement causé l'accident. « *Les victimes, hormis les conducteurs de véhicules terrestres à moteur, sont indemnisées des dommages résultant des atteintes à leur personne qu'elles ont subis, sans que puisse leur être opposée leur propre faute à l'exception de leur faute inexcusable si elle a été la cause exclusive de l'accident* » (Article 3). Seule doit être rapportée la preuve de l'implication du véhicule dans la réalisation de l'accident. Le conducteur responsable, ne peut invoquer ni un cas de force majeure ni le fait d'un tiers pour s'exonérer. « *Les victimes, y compris les conducteurs, ne peuvent se voir opposer la force majeure ou le fait d'un tiers par le conducteur ou le gardien d'un véhicule* » (Article 2).

240. Cette solution peut s'adapter en cas de véhicule partiellement autonome. En effet, puisqu'un conducteur doit toujours être présent à bord des véhicules partiellement autonomes afin de pouvoir en reprendre le contrôle en cas de problème, si un accident survient, sa responsabilité peut être invoquée.

241. Le fait que le conducteur reste responsable est alors la norme. C'est d'ailleurs ainsi que les constructeurs actuels s'exonèrent de toute responsabilité. Lors de la vente de véhicules autonomes, les constructeurs précisent bien que le conducteur doit rester attentif et doit être prêt à reprendre le contrôle du véhicule à tout moment. Le

7 mai 2016, l'américain Joshua Brown s'est tué à bord de sa Tesla Model S en Floride alors que le mode *autopilot* était activé. Sa responsabilité avait été retenue : Joshua Brown ne s'occupait pas de la conduite, puisqu'il était en train de regarder un DVD. La négligence du conducteur et sa confiance totale dans un système autonome encore en phase de test étaient caractérisées.

242. En cas de conduite totalement autonome d'un véhicule, cette solution pourrait ne pas être satisfaisante, étant donné que le conducteur n'a plus le contrôle direct du véhicule.

243. Une évolution législative sur ce point pourrait donc être envisagée, mais la technologie n'en est pas encore à ce perfectionnement.

244. Pour Véronique Weill, travaillant chez l'assureur Axa, trois hypothèses se présenteront.

- D'abord, si la personne assise à la place du conducteur n'a pas la main sur le volant, l'assureur indemnisera à la fois l'opérateur de conduite, c'est-à-dire le conducteur passif, et la victime.
- Ensuite, si le conducteur a la maîtrise du véhicule au moment du dommage, l'assureur indemnisera exclusivement la victime.
- Enfin et si la voiture est piratée, ladite attaque pourra être assimilée à un vol et donnera lieu à une indemnisation par un fonds d'indemnisation.

245. Les lois portant sur les voitures autonomes en Floride, au Nevada ou encore dans le district de Columbia sont les seules lois à s'être penchées sur la question de la responsabilité en cas d'accident. Ces lois américaines comportent des énoncés équivalents en matière de responsabilité. Ainsi selon la loi de Floride[50], « *le fabricant d'origine d'un véhicule converti par un tiers en véhicule autonome n'est pas responsable, et ne peut faire l'objet de poursuites légales, dans le cas où une personne aurait subi un préjudice du à un défaut causé par la conversion du véhicule en véhicule autonome, ou par un équipement installé par la personne ayant converti le véhicule en véhicule autonome, sauf dans le cas où le préjudice aurait été causé par un défaut présent dans le véhicule tel qu'originalement fabriqué* ».

Selon les lois américaines, la responsabilité du constructeur automobile se voit donc écartée au détriment de la responsabilité du fabricant du système autonome, sauf dans le cas où le préjudice serait causé par une défaillance du véhicule qui serait indépendante de la technologie autonome.

246. Certains constructeurs ont aussi exprimé leur point de vue sur le sujet. Le PDG de Volvo, Hakan Samuelsson, est le premier à s'être exprimé. Il a annoncé que Volvo assumerait l'entière responsabilité en cas d'accident impliquant l'une de ses voitures autonomes, à condition que celle-ci soit en mode de conduite autonome au moment des faits et que l'accident soit dû à un défaut de la voiture. Le conducteur restera bien entendu responsable dans le cas où il utiliserait par exemple la technologie

---

[50] Florida House Bill No 7027

autonome d'une manière inadaptée. Deux autres constructeurs, Google et Mercedes, ont effectué des déclarations similaires.

247. Il est également proposé de mettre en place un fonds d'assurance, ce qui est déjà le cas dans l'état du Nevada et de Californie. La personne ou société testant un véhicule autonome doit avoir souscrit une police d'assurance de 5 millions de dollars par véhicule.

248. Enfin, le projet de loi relatif à la croissance et à la transformation des entreprises (« PACTE ») ambitionne régler la question de l'indemnisation des victimes, par l'intermédiaire de l'article suivant : « *Art. 2-2. – Si la conduite du véhicule, dont le système de délégation de conduite a été activé et fonctionne dans les conditions prévues au premier alinéa de l'article 2-1, contrevient à des règles dont le non-respect constitue une contravention, le titulaire de l'autorisation est pécuniairement responsable du paiement des amendes. Si cette conduite a provoqué un accident entraînant un dommage corporel, ce titulaire est pénalement responsable du délit d'atteinte involontaire à la vie ou à l'intégrité de la personne prévus par les articles 221-6-1, 222-19-1 et 222-20-1 du code pénal lorsqu'il est établi une faute au sens de l'article 121-3 de ce code dans la mise en œuvre du système de délégation de conduite.* [51]»

[51] Article 43 du projet de loi n°1088 relatif à la croissance et à la transformation des entreprises enregistrée à la Présidence de l'Assemblée Nationale, présenté au nom de Monsieur Edouard PHILIPPE, premier ministre et par Monsieur Bruno Le Maire, ministre de l'économie et des finances, Juin 2018

6.3 Les données personnelles et la cybersécurité

249. Le sort du traitement des données à caractère personnel collectées par les voitures autonomes se pose avec d'autant plus d'acuité à l'aune du règlement général sur la protection des données en vigueur depuis le 25 mai 2018[52].

250. La Commission Nationale de l'Informatique et des Libertés (ci-après « *CNIL* ») relève deux interrogations quant aux véhicules connectés, la sécurité et l'accès aux données personnelles produites. Ces voitures produisent en effet des données techniques, environnementales, comportementales, et également d'autres relatives au conducteur. Il sera ainsi aisé de reconstituer ses parcours et de trouver son domicile ou son lieu de travail, ses destinations habituelles.

251. A cet effet, la CNIL a créé un Pack de conformité « Véhicules connectés et données personnelles »[53] aux fins de favoriser les écosystèmes d'innovation tout en assurant la protection des données personnelles des usagers de l'automobile.

---

[52] Règlement (UE) 2016/679 du parlement européen et du conseil du 27 avril 2016 relatif à la protection des personnes physiques à l'égard du traitement des données à caractère personnel et à la libre circulation de ces données, et abrogeant la directive 95/46/ce (règlement général sur la protection des données.

[53] CNIL, Pack de conformité « Véhicules connectés et données personnelles », édition octobre 2017.

252. Certaines assurances, notamment Groupama, proposent d'ores et déjà de récolter et de traiter des données relatives à son véhicule et à sa conduite, afin de voir le coût de son assurance réduit en cas de bonne conduite. On peut ainsi faire l'analogie à l'avenir, des organismes d'assurance qui auront accès à l'entière totalité des données, ne se retrouverait-on pas alors dans une configuration où nous sommes « suivis » et « espionnés » ?

253. Différente de la voiture autonome qui circule de manière automatique sans intervention humaine, les constructeurs prévoient aussi la voiture connectée, qui fournit des informations au conducteur sur sa conduite, notamment les limites de vitesse, ou alerte automatiquement les secours en cas d'accident. Cette seconde réalité constitue un véritable enjeu pour les données personnelles.

254. Les constructeurs ne doivent pas perdre de vue que les voitures, aujourd'hui remplies d'électronique, deviennent une cible pour les hackers, pour qui le piratage est aussi simple que sur un ordinateur. L'accès au véhicule et sa conduite à distance par un hacker constituent ainsi une réelle menace.

255. La protection des données personnelles est un enjeu qui domine dans l'ensemble de la robotique. En effet, le droit au respect de la vie privée et le droit à la protection des données à caractère personnel sont garantis par la Charte des droits fondamentaux de l'Union Européenne, respectivement aux articles

7 et 8. Et le droit au respect de sa vie privée figure à l'article 9 du Code civil, « *Chacun a droit au respect de sa vie privée.* » Mady Delvaux rappelle que « *le droit au respect de la vie privée et le droit à la protection des données à caractère personnel s'applique à tous les domaines de la robotique* »[54].

256. L'introduction de la robotique dans nos vies quotidiennes implique le recueil et le traitement d'énormément de données personnelles ou non, afin d'assurer une complémentarité entre l'homme et le robot. Les données personnelles sont directement affectées par la robotique en général, qui est nécessairement liée au *big data* pour fonctionner. Pour être autonome, une machine doit collecter et traiter de plus en plus de données. De plus, nous évoluons dans un environnement sans cesse plus connecté. Les données personnelles revêtent donc une grande importance en matière de robotique. Plus l'IA ou le robot sera « nourri » de nombreuses données précises et souvent sensibles, plus le service rendu par ces derniers sera adapté et efficace.

257. Le corollaire de la collecte et du traitement des données des utilisateurs est la sécurité de ces données. Il est nécessaire de rassurer les utilisateurs sur la sécurité et la confidentialité des données, tout en sécurisant le système contre toute intrusion. Les robots et autres objets connectés ou dotés d'IA doivent en conséquence être armés contre la

---

[54] Interview de Mady Delvaux, Revue Lamy Droit Civil n°146 du 1er mars 2017

cybercriminalité, car ils sont susceptibles d'être piratés.

258. Des hackers bien intentionnés ont réussi à prendre le contrôle à distance d'un simulateur cardiaque ou d'une pompe à insuline, révélant une cybercriminalité très particulière et très dangereuse. Le test a également été fait sur une voiture autonome. Comment alors faire en sorte d'instaurer une réelle confiance entre l'utilisateur et la machine lorsque les risques vont jusqu'à la perte de la vie ?

Conclusion

259. La voiture autonome modifie la pratique de la conduite, et le rapport de l'utilisateur à sa voiture, ce qui provoque à la fois l'enthousiasme et le scepticisme. Il est à propos de s'interroger sur la disparition du plaisir de conduire, et même l'ennui qui apparaîtra durant les trajets. La voiture se transformera-t-elle en une extension du bureau, ou un lieu de tranquillité où lire, dormir, et regarder un film ?

260. Le futur peut également se trouver dans des voitures en libre-service, sans propriétaire, que l'on pourrait appeler via notre smartphone, et qui nous déposeraient à l'endroit souhaité avant de repartir.

Les constructeurs automobiles traditionnels laissent entendre qu'ils commercialiseront une voiture de plus en plus autonome de manière progressive, mais pas avant 2030.

Le temps seul nous dira s'ils ont tenu leurs objectifs, et si vous lirez ce petit guide juridique pratique dans une voiture pleinement automatisée dans moins de cinq ans, sans vous soucier de la route ou de la circulation.

Reste à convaincre les consommateurs…

261. Les infrastructures ont également un rôle à jouer dans le développement de la sécurité routière. Ainsi, les ingénieurs du monde entier s'attèlent

notamment sur des capteurs à intégrer dans les chaussées, qui détecteraient le passage en temps réel des véhicules, et permettraient en conséquence de réguler le trafic ou d'alerter en cas d'accident. De la même manière, les caméras de sécurité pourraient être capables de déclencher une alerte si une voiture est à contre-sens, si un véhicule est arrêté, ou en cas de présence d'un piéton ou d'un animal. Les routes elles-mêmes pourraient devenir des batteries capables de recharger les véhicules électriques.

262. Pour l'heure, de nombreux projets foisonnent sur la voiture autonome, bien que les divers accidents dont elle a fait l'objet taraudent de nombreuses personnes. En France, le ministre de l'économie Bruno Le Maire a affirmé que les tests sur routes ouvertes seraient lancés dès 2019/2020 sur le réseau routier national, afin de permettre d'accélérer la recherche dans ce domaine clef.

CHAPITRE 4 LES DRONES

263. Les drones, développés à l'origine pour un usage militaire, utilisés de manière défensive pour permettre des frappes à distance dans des pays éloignés, se sont démocratisés.

264. Ce sont aujourd'hui de nombreux drones civils qui sont vendus aux particuliers, utilisés à titre de loisir, ou à titre professionnel. Leurs applications ne cessent de s'élargir.

265. Les drones civils pourraient représenter 10% du marché de l'aviation civile ces dix prochaines années, soit environ 15 milliards d'euros par an. Selon le cabinet Oliver Wyman, le marché français des drones civils passerait d'un chiffre d'affaires de 36 millions à 88 millions d'euros entre 2016 et 2020. Les drones sont également destinés à un marché professionnel. En effet, Stéphane Morelli président de la Fédération professionnelle du drone civil estime que « *le CA des drones professionnels s'est élevé en France à 160 M€ en 2016. Né en 2012, c'est un marché qui progresse chaque année de 20 à 30%. En 2020, il devrait atteindre 700 M€* ». Aujourd'hui et plus que jamais, le marché des drones est en plein essor : L'entreprise française Parrot a vendu plus d'un million de drones depuis son lancement dans le secteur il y a huit ans.

266. Ce chapitre n'abordera pas les drones militaires, drones d'observation et drones armés, où concourent des enjeux de souveraineté et d'éthique.

1. LA REGLEMENTATION FRANCAISE

267. Au regard de la recrudescence des drones civils, ainsi que des problèmes afférents (survol de drones à proximité d'avions, ou au-dessus d'installations interdites telles que des centrales nucléaires), les pouvoirs français ont édicté un corpus législatif extrêmement complet.

268. Ces engins sont considérés comme des aéronefs et sont soumis, en conséquence, à la réglementation de l'aviation civile.

269. La France fait partie des pionnières en la matière puisqu'une réglementation des drones civils existe depuis 2012[55].

270. Le dilemme est de trouver un équilibre entre une réglementation sécurisant cette nouvelle pratique, et la poursuite de son développement.

271. Le drone, également dénommé aéronef sans équipage ou aéronef télépiloté est défini juridiquement comme un « *aéronef qui circule sans personne à bord sous le contrôle d'un télépilote*»[56].

---

[55] Arrêté du 11 avril 2012 relatif à l'utilisation de l'espace aérien par les aéronefs qui circulent sans personne à bord et Arrêté du 11 avril 2012 relatif à la conception des aéronefs civils qui circulent sans aucune personne à bord, aux conditions de leur emploi et sur les capacités requises des personnes qui les utilisent.

[56] Définition donnée par l'arrêté du 17 décembre 2015 relatif à la conception des aéronefs civils qui circulent sans personne à bord, aux conditions de leur emploi et aux capacités requises des personnes qui les utilisent.

272. Le télépilote, quant à lui, est défini comme la « *personne contrôlant les évolutions d'un aéronef télépiloté, soit manuellement soit, lorsque l'aéronef évolue de manière automatique, en surveillant la trajectoire et en restant en mesure à tout instant d'intervenir sur cette trajectoire pour assurer la sécurité* »[57].

1.1 Les deux arrêtés du 17 décembre 2015

273. L'attirail législatif français se compose tout d'abord de deux arrêtés du 17 décembre 2015, entrés en vigueur le 1er janvier 2016.
Ces derniers ont remplacé les deux précédents arrêtés de 2012 :

- L'un relatif à la conception des aéronefs civils qui circulent sans personne à bord, aux conditions de leur emploi et aux capacités requises des personnes qui les utilisent, et
- L'autre, relatif à l'utilisation de l'espace aérien par les aéronefs qui circulent sans personne à bord.

274. Le premier arrêté distingue trois types d'activités. Les drones peuvent être utilisés pour l'aéromodélisme c'est-à-dire l'utilisation d'un drone à des fins de loisir ou de compétition, pour l'expérimentation, c'est-à-dire l'utilisation d'un drone autre qu'un aéromodèle à des fins d'essais ou

---

[57] Définition donnée par l'arrêté du 17 décembre 2015 relatif à la conception des aéronefs civils qui circulent sans personne à bord, aux conditions de leur emploi et aux capacités requises des personnes qui les utilisent.

de contrôle, et enfin l'activité particulière qui est une activité professionnelle.

275. Concernant les usages professionnels, quatre scénarios opérationnels de vol sont édictés, basés sur les spécifications techniques des aéronefs, leur poids, ainsi que le type de vol, « en vue » lorsque le télépilote a une vue directe sur son appareil et sur son environnement afin de prévenir les collisions, et « hors vue » dans les autres cas. Chaque scénario a ses conditions d'autorisation, dans les zones peuplées et non peuplées.

276. Les activités particulières et d'expérimentations présentent également des conditions de compétence. Ainsi, l'activité particulière doit être déclarée à la Direction Générale de l'Aviation Civile (DGAC), et le télépilote doit obtenir un certificat d'aptitude théorique de pilote d'aéronef. Pour les vols hors vue et à grande distance, le télépilote doit également détenir une licence et une expérience minimale de pilote d'aéronef. Les vols d'expérimentation avec un drone de plus de 25 kilogrammes, eux, nécessitent l'obtention d'un laissez-passer délivré par la Direction de la Sécurité de l'Aviation Civile (DSAC).

277. Concernant les drones de loisir et de compétition, dix principes ont été édictés par la Direction Générale de l'Aviation Civile, à partir de l'arrêté relatif à l'utilisation de l'espace aérien. Ainsi, le survol des personnes est interdit et par conséquent le vol en agglomération, y compris dans les jardins et parcs situés en agglomération, le vol

doit s'effectuer à moins de 150 mètres de hauteur, le télépilote ne doit pas perdre de vue son drone, ni l'utiliser de nuit, il ne doit pas l'utiliser aux abords d'un aérodrome, ni des sites sensibles ou protégés, enfin la vie privée des tiers doit être respectée.

1.2 La loi du 24 octobre 2016

278. La règlementation française se compose ensuite de la loi du 24 octobre 2016[58] relative au renforcement de la sécurité de l'usage des drones civils. Cette loi fait suite à une augmentation d'incidents ayant impliqué des drones civils depuis 2014. En effet, l'usage croissant de drone civil a apporté des risques et menaces, notamment le risque de collision, la captation indue d'information, l'espionnage économique, l'action terroriste ou l'atteinte directe aux personnes physiques. On peut retenir notamment le vol aux abords d'avions de ligne perturbant l'aviation civile, ou au-dessus de sites interdits tels que des centrales nucléaires ou d'infrastructures critiques telles que des ambassades. De plus, la liaison du télépilote avec son drone peut être facilement piratée ou perdue.

279. Cette loi s'attache ainsi à sécuriser et à encadrer la circulation des vols des drones civils, à responsabiliser les utilisateurs, et prévenir les usages indésirables. Cette loi oppose aux propriétaires de drone de plus de 800 grammes, une obligation d'enregistrement par voie électronique afin d'assurer une traçabilité des appareils. Ainsi

---

[58] n°2016-1428

que l'équipement d'un dispositif de signalement lumineux et d'un dispositif de signalement électronique, d'un dispositif de signalement sonore se déclenchant en cas de perte de contrôle de l'appareil ou de sa trajectoire par son télépilote, et d'un dispositif de limitation des performances de l'appareil. De plus, son télépilote devra suivre une formation visant à permettre le contrôle de l'évolution des drones en sécurité et dans le respect des règles et des conditions d'emploi relatives à la navigation aérienne.

280. Les fabricants ou importateurs de drones quant à eux, devront inclure dans les emballages de leurs produits ainsi que dans les emballages de leurs pièces détachées une notice d'information relative à l'usage des drones. Cette notice rappellera les principes et les règles à respecter pour utiliser ces appareils en conformité avec la législation et la réglementation applicable.

281. Enfin, des sanctions dissuasives, spécifiques aux télépilotes, ont été adoptées, en cas de survols de zones illicites par drones, insérées aux articles L 6232-12 et L 6232-13 du Code des transports. Le télépilote encourt jusqu'à 45 000 euros d'amende et 1 an d'emprisonnement, ainsi que la confiscation du drone.

1.3 L'arrêté du 27 janvier 2017

282. L'arrêté du 27 janvier 2017 fixant la liste des zones interdites à la prise de vue aérienne par appareil photographique, cinématographique, ou

tout autre capteur est venu fixer une liste de zones où un drone ne peut pas prendre de photos ou vidéos. En effet, les drones se révèlent parfois intrusifs dans la vie privée. Les zones d'interdiction de prises de vue coïncident pour la majorité avec les zones interdites de survol.

283. L'article D 133-10 du Code de l'aviation civile soumet la prise de vue à une déclaration préalable conforme pour pouvoir enregistrer des images au-dessus du territoire national. Un enregistrement d'images ou de vidéos ne respectant pas cette obligation constitue une contravention de 5e classe, article R 151-1 6e du Code de l'aviation civile. Mais l'article 3 de l'arrêté du 17 décembre 2015 relatif à la conception affirme que « *la prise de vues aériennes est possible en aéromodélisme au cours d'un vol dont l'objectif reste le loisir ou la compétition et lorsque les vues réalisées ne sont pas exploitées à titre commercial* ».

284. La préfecture de police a édicté dix points pour bien utiliser un drone de loisir, ne pas survoler les individus, respecter les hauteurs maximales de vol, ne jamais perdre l'engin de vue et uniquement en vol de jour, le survol des espaces publics en agglomération est interdit, ne pas utiliser de drones à proximité des aérodromes, vérifier si la pratique de ce loisir est couverte par votre assurance, respecter la vie privée d'autrui, interdiction de survoler des sites sensibles ou protégés, les prises de vues ne doivent pas faire l'objet d'un usage commercial, ne pas diffuser de prises de vue sans l'accord des personnes concernées.

1.4 Le décret du 2 février 2018

285. Le décret n°2018-67 du 2 février 2018 a pour objet de définir les modalités relatives à la formation des télépilotes qui utilisent des aéronefs civils circulant sans personne à bord à des fins autres que le loisir conformément à la loi n°2016-1428 du 24 octobre 2016[59].

286. Pour l'essentiel, ce décret fixe les objectifs et les modalités de la formation visant à permettre le contrôle de l'évolution des aéronefs circulant sans personne à bord en sécurité et dans le respect des règles et des conditions d'emploi relatives à la navigation aérienne.

Il met également en place un certificat d'aptitude théorique et identifie les dispositions à préciser par voie d'arrêté.

Enfin, ce dernier instaure un régime transitoire permettant aux télépilotes d'aéronefs circulant sans personne à bord et qui exercent déjà à titre professionnel, de poursuivre leur activité.

1.5 Les deux décrets du 18 mai 2018

287. Deux décrets en date du 18 mai 2018 complètent la loi n°2016-1428 du 24 octobre 2016 relative au renforcement de la sécurité de l'usage des drones civils.

---

[59] Décret n° 2018-67 du 2 février 2018 relatif à la formation exigée des télépilotes qui utilisent des aéronefs civils circulant sans personne à bord à des fins autres que le loisir

288. Le décret n°2018-375[60]a pour objet de déterminer les modalités de formation des télépilotes qui utilisent des aéronefs civils circulant sans personne à bord à des fins de loisir.

Il fixe les objectifs de la formation pour l'utilisation des aéronefs civils circulant sans personne à bord à des fins de loisir, les modalités de suivi de la formation par voie électronique, les procédures permettant de vérifier la validation de cette formation et les conditions de la reconnaissance par équivalence d'autres formations.

289. Le décret n°2018-374 a pour objet de déterminer le seuil de masse au-delà duquel les obligations du II de l'article L. 6111-1, de l'article L. 6214-2, de l'article L. 6214-4 et de l'article L. 6214-5 du code des transports s'appliquent[61]. Ces articles fixent principalement des obligations d'enregistrement par voie électronique et d'équipement des aéronefs civils circulant sans personne à bord si leur masse est supérieure ou égale à un seuil fixé par décret, ainsi qu'une obligation de formation des télépilotes utilisant à des fins de loisir ces mêmes aéronefs. Le décret n°2018-374 a fixé ce seuil à 800 grammes.

290. Dès lors, l'article L6214-2 du code des transports dispose : « *Tout télépilote doit avoir suivi*

---

[60] Décret n° 2018-375 du 18 mai 2018 relatif à la formation exigée des télépilotes d'aéronefs civils circulant sans personne à bord utilisés à des fins de loisir

[61] Décret n° 2018-374 du 18 mai 2018 relatif aux seuils de masse prévus par la loi n° 2016-1428 du 24 octobre 2016 relative au renforcement de la sécurité de l'usage des drones civils

une formation visant à permettre le contrôle de l'évolution des aéronefs circulant sans personne à bord, en sécurité et dans le respect des règles et des conditions d'emploi relatives à la navigation aérienne. Cette obligation n'est pas applicable à l'utilisation de loisir d'aéronefs circulant sans personne à bord, lorsque leur masse est inférieure à un seuil fixé par voie réglementaire. Ce seuil ne peut être supérieur à 800 grammes ».

Les objectifs et les modalités de la formation, les modalités de vérification de son assimilation ainsi que les modalités de reconnaissance par équivalence d'autres formations sont précisés par voie réglementaire. »

1.6 Les autres réglementations applicables

1.6.1 Le respect de la vie privée

291. Il faut avoir conscience que les drones facilitent les atteintes à la vie privée. En effet un drone équipé d'appareil photo ou caméra peut capter l'image d'une personne physique, ou d'une voiture et sa plaque d'immatriculation, et ainsi l'identifier, la localiser et connaître son comportement et ses habitudes. L'utilisation d'un drone, par un particulier ou un professionnel, n'échappe ainsi pas au respect de la vie privée d'autrui. L'arrêté du 17 décembre 2015 le rappelle, « *les dispositions de cet arrêté s'appliquent sans préjudice de celles liées à la protection des données personnelles et à la vie privée des individus, notamment celles prévues par la loi n°78-17 du 6 janvier 1978* »[62].Ainsi, dans le

[62] Article 9 de l'arrêté du 17 décembre 2015 relatif à la conception.

cas de la prise de vue d'une personne privée, le télépilote devra recueillir son consentement afin de diffuser sa photo.

292. Les photographes professionnels utilisant des drones afin de filmer ou photographier des évènements seront dans cette hypothèse. Le droit au respect de la vie privée de l'article 9 du Code civil est un droit constitutionnel, il s'étend également à la résidence de la personne concernée.

293. La CNIL a rappelé l'importance du respect de la vie privée des autres le 26 décembre 2016[63] en publiant que « *les drones équipés de caméra, micro et autres capteurs doivent respecter la vie privée des autres. Il est à ce titre interdit de diffuser ou de vendre des prises de vues sans l'accord des personnes concernées, des propriétaires des lieux filmés ou des ayants droits d'œuvres artistiques* ».Dans l'hypothèse où un télépilote porterait « *volontairement (...) atteinte à l'intimité de la vie privée d'autrui (...) en fixant, enregistrant ou transmettant, sans le consentement de celle-ci, l'image d'une personne se trouvant dans un lieu privé* », la responsabilité pénale du télépilote pourra être engagée, et il s'expose à un an d'emprisonnement et 45 000€ d'amende, en vertu de l'article 226-1 du Code pénal.

294. La Suède est le premier pays à avoir interdit, dès octobre 2016, l'utilisation de drones équipés de caméra ou d'un appareil photo. La cour administrative suprême a rendu un arrêt en date du

[63] https://www.cnil.fr/fr/ou-piloter-son-drone-de-loisir-et-quelles-precautions-en-matiere-de-vie-privee

21 octobre 2016[64], en considérant qu'un drone équipé d'une caméra était soumis au régime des caméras de surveillance, en ce qu'il pouvait être utilisé à des fins de surveillance personnelle. Or, le régime des caméras de surveillance exige l'obtention d'un permis pour pouvoir les utiliser, permis ne pouvant être obtenu que si le but de la prise de vue est de « *prévenir, enquêter sur, ou détecter des crimes, ou de prévenir des accidents* ». Ainsi, l'utilisation de drones équipés de caméra ou appareil photo est interdite, sauf délivrance d'un permis. Aucun aménagement n'est prévu pour les photographes professionnels ou les journalistes pour une utilisation dans le cadre de leur travail. Cette décision a été très critiquée en Suède, de nombreuses personnes regrettant un tel verdict.

295. C'est sur le fondement du respect à la vie privée qu'il a été répondu, suite à une question écrite posée par le sénateur de la Moselle Jean-Louis Masson, que le drone ne pouvait en aucun cas être utilisé à des fins d'espionnage fiscal. Il avait été soulevé l'hypothèse d'utiliser les drones pour procéder à des contrôles de propriétés privées en vue de détecter d'éventuelles infractions aux règles d'urbanisme et/ou de non déclaration de création de piscine (pour le calcul de l'assiette de l'impôt local).

1.6.2 La protection des données personnelles

296. La protection des données personnelles est également une préoccupation des personnes a

[64] Fotografering från drönare totalförbjuds efter dom I HFD, http://www.aftonbladet.se/nyheter/article23765408.ab

fortiori depuis l'entrée en vigueur du Règlement Général sur la Protection des Données le 25 mai 2018[65].

297. Dans la continuité du respect à la vie privée, le drone peut être équipé de divers capteurs, notamment une caméra, des microphones, des capteurs infrarouges, ou des capteurs thermiques, un zoom, un système de reconnaissance faciale et recueillir ainsi des données relatives aux personnes.

298. Les drones les plus avancés sont capables d'éviter les obstacles ou de suivre une personne. Ces fonctions nécessitent de traiter d'autant plus de données, personnelles ou inhérentes à l'environnement du drone. Le drone s'appuie alors sur les capteurs et les données, notamment sur l'utilisateur et les personnes à proximité.

299. A terme, il est à prévoir que les drones seront totalement autonomes, et accompliront leur mission puis reviendront à leur base sans supervision humaine. Ainsi, la loi du 6 janvier 1978 relative à l'informatique, aux fichiers et aux libertés a vocation à s'appliquer, comme le rappelle l'article 9 de l'arrêté du 17 décembre 2015 suscité.

300. Le Groupe de l'Article 29, réunissant l'ensemble des CNIL européennes, a adopté le 16 juin 2015 un avis sur l'utilisation des drones. Ce

[65] Règlement (UE) 2016/679 du parlement européen et du conseil du 27 avril 2016 relatif à la protection des personnes physiques à l'égard du traitement des données à caractère personnel et à la libre circulation de ces données, et abrogeant la directive 95/46/ce (règlement général sur la protection des données.

dernier recommande de respecter le principe de minimisation de la collecte et d'adopter des principes protégeant par défaut la vie privée (dispositifs d'anonymisation, sécurité des données collectées…).

301. De la même manière et en application du Règlement Général sur la Protection des Données, les drones civils devront respecter le principe du « *Privacy by design* [66]» aux fins de limiter les captations de traitement de données à caractère personnel.

1.6.3 L'exposition d'autrui à des risques

302. L'article 223-1 du Code pénal s'applique dans le cas où un télépilote expose autrui au danger au moyen de son drone, « *le fait d'exposer directement autrui à un risque immédiat de mort ou de blessures de nature à entraîner une mutilation ou une infirmité permanente par la violation manifestement délibérée d'une obligation particulière de prudence ou de sécurité imposée par la loi ou le règlement est puni d'un an d'emprisonnement et de 15 000 euros d'amende* ». Des peines complémentaires peuvent être prononcées, sur le fondement des articles 223-18 et 223-20 du Code pénal.

[66] En application de ce principe, cette nouvelle technologie traitant des données personnelles doit garantir dès sa conception et lors de chaque utilisation, le plus haut niveau possible de protection des données

1.6.4 La responsabilité des télépilotes

303. L'article L 6131-2 du Code des transports prévoit une responsabilité civile de plein droit de l'exploitant de l'aéronef, sans que la preuve d'une faute soit exigée. L'article 1242 du code civil permet également de retenir la responsabilité extracontractuelle du télépilote du fait de son drone, s'il cause à autrui un dommage.

304. Les juges du fond ont déjà eu l'occasion de connaître des infractions relatives au vol d'un drone. En effet, les drones ont apporté des risques, et cela a pour conséquence une recrudescence d'infractions civiles, avec des propriétaires de drones de loisirs qui ne connaissent pas la réglementation applicable, et n'ont pas conscience du danger.

305. Ainsi, dans le cas du survol de Nancy, le Tribunal de grande instance de Nancy a rendu une ordonnance d'homologation le 20 mai 2014[67], en retenant le défaut d'homologation de l'aéronef, l'absence d'autorisation et de compétence, et l'exposition d' « *autrui à un risque immédiat de mort ou de blessures de nature à entraîner une mutilation ou une infirmité permanente par la violation manifestement délibérée d'une obligation particulière de sécurité ou de prudence imposée par la loi ou le règlement* », en survolant des passants à une attitude trop basse, et la prise de vue non autorisée, le télépilote n'a cependant été condamné qu'à des faibles amendes. La situation s'est reproduite avec le vol « *dans une zone interdite, à*

[67] Ministère Public c/ M. T.

savoir dans le périmètre de 5 kilomètres autour de la centrale nucléaire » par des passionnés de drones et d'aéromodélisme. Le Tribunal de grande instance de Bourges a rendu un jugement le 12 octobre 2016[68] pour avoir « *engagé ou maintenu, par maladresse ou négligence, ledit appareil au-dessus d'une zone du territoire français en violation d'une interdiction de survol de ladite zone fixée par l'autorité administrative pour des raisons d'ordre militaire ou de sécurité publique, en l'espèce le survol de la centrale nucléaire de Belleville sur Loire* ». Les télépilotes ont été dispensés de peine, car le préjudice d'EDF était symbolique, cependant ils ont vu leurs drones confisqués.

306. Afin d'aider les télépilotes de drones de loisir à connaître les zones du territoire français où l'usage de drones de loisir est interdit ou soumis à restriction, et ainsi éviter certaines déconvenues, la Direction Générale de l'Aviation Civile (DGAC) a élaboré, en lien avec l'Institut National de l'information Géographique et Forestière (IGN) une carte interactive regroupant les zones du territoire métropolitain où les vols de drones sont soumis à des interdictions ou des restrictions de façon permanente. Cette carte est consultable sur internet[69]. Il est ainsi désormais rapide et facile pour un télépilote de vérifier les zones où il peut faire voler son drone.

[68] EDF, procureur de la République c/ M. X et M. Y.
[69] https://www.geoportail.gouv.fr/donnees/restrictions-pour-drones-de-loisir

2. LA REGLEMENTATION EUROPEENNE

307. L'importance de légiférer sur les drones au niveau de l'Union européenne a été soulignée par le Parlement européen dans une Résolution adoptée le 29 octobre 2015[70], « *il appartient à l'Union européenne de développer le plus rapidement possible un cadre législatif portant uniquement sur l'utilisation civile de systèmes d'aéronefs télépilotés [...] le cadre législatif européen doit permettre d'une part, au secteur de continuer à innover et de se développer dans les meilleures conditions possibles et, d'autre part, aux citoyens d'avoir l'assurance d'une protection efficace des biens et des personnes ainsi que de leurs données personnelles et de leur vie privée*».

308. Le Parlement européen a alors invité la Commission Européenne à « *élaborer un cadre réglementaire européen clair, harmonisé et proportionné, fondé sur une évaluation des risques, qui n'impose pas aux entreprises des règles trop contraignantes susceptibles de nuire à l'investissement et à l'innovation dans le secteur des systèmes d'aéronefs télépilotés, tout en veillant à la protection adéquate des citoyens et à la création d'emplois durables et innovants* ».

~~309.~~ Faisant suite à cette Résolution, la Commission Européenne a adopté le 7 décembre

[70] Sur l'utilisation sûre des systèmes d'aéronefs télépilotés (RPAS), plus connus sous le nom de véhicules aériens sans pilote (UAV), dans le domaine de l'aviation civile (2014/2243(INI))

2015 une nouvelle stratégie de l'aviation pour l'Europe, nommée « paquet aérien ». Cette stratégie se compose de plusieurs documents, dont une proposition de Règlement 2015/0277 concernant des règles communes dans le domaine de l'aviation civile et instituant une Agence de la sécurité aérienne de l'Union Européenne, et abrogeant le Règlement 216/2008.

310. Le 12 juin 2018, le Parlement européen a adopté par 538 voix pour, 71 contre et 48 abstentions, une résolution législative sur la proposition de règlement du Parlement européen et du Conseil concernant des règles communes dans le domaine de l'aviation civile et instituant une Agence de la sécurité aérienne de l'Union européenne et abrogeant le règlement (CE) n° 216/2008 du Parlement européen et du Conseil.

311. Selon le communiqué du Parlement européen [71], « *le règlement viserait à établir et à maintenir un niveau élevé et uniforme de sécurité de l'aviation civile dans l'Union et devrait*:

- *contribuer à un niveau uniforme élevé de protection de l'environnement;*
- *faciliter la circulation des marchandises, des services et des personnes au niveau mondial, en instaurant une coopération avec les autorités aéronautiques des pays tiers, et en promouvant l'acceptation mutuelle des certificats pertinents;*
- *contribuer à ce que les passagers aient confiance dans une aviation civile sûre;*

[71] Résumé du Parlement européen, 2015/0277 (COD)-12/06/2018, Texte adopté du Parlement, 1ère lecture/lecture unique

- *promouvoir la recherche et l'innovation, notamment dans les processus réglementaires, de certification et de supervision.* »

312. Les nouvelles règles sont dorénavant présentes au sein du règlement 2018/1139 du 4 juillet 2018 concernant des règles communes dans le domaine de l'aviation civile et instituant une Agence de l'Union européenne pour la sécurité aérienne.

3. LES REGLEMENTATIONS ETRANGERES

3.1 La Belgique

313. La Belgique, pays voisin, a également adopté une réglementation spécifique en matière de drones civils, avec l'Arrêté royal relatif à l'utilisation des aéronefs télépilotés dans l'espace aérien belge du 10 avril 2016. Le drone est défini comme, article 1er, « *aéronef télépiloté, en abrégé RPA : un aéronef non-habité, d'une masse maximale au décollage inférieure à 150kg piloté à partir d'un poste de télépilotage* ». Cas particulier de l'aéromodèle « *un aéronef télépiloté utilisé exclusivement à des fins sportives et récréatives* ». Et le télépilote est « *une personne qui exécute des tâches essentielles pour l'exploitation d'un aéronef télépiloté et qui, le cas échéant, manœuvre les commandes de vol d'un aéronef télépiloté durant le temps de vol* ».

314. Les drones sont classés en quatre classes, en fonction du type de vol effectué, et du niveau de risques encourus. De la classe « récréatif » à la « classe 1a : risques élevés ». Dans tous les cas, le vol est interdit dans les espaces aériens contrôlés, à proximité notamment des installations électriques ou nucléaires, des prisons, des aéroports, héliports ou aérodromes, ainsi que le survol de ville, animaux, ou personnes. Est interdit également le transport de passagers, courrier ou fret, et le jet d'objet. Le télépilote doit garder un contact visuel avec son drone, il doit également respecter le cadre relatif à la protection de la vie privée et au traitement des données à caractère personnel.

L'usage récréatif est accessible à tous les âges, pour les drones pesant moins d'un kilogramme, uniquement dans un domaine privé ou sur un terrain d'aéromodélisme, à une attitude maximale de 10 mètres et sans jamais le perdre de vue.

Les trois autres classes prévoient la délivrance d'une attestation de télépilote, obtenue à la suite d'une formation théorique et d'un examen pratique, l'obligation de contracter une assurance de responsabilité civile couvrant l'activité aéronautique et l'utilisation d'aéronefs télépilotés, pour couvrir les dommages corporels et matériels à des tiers, et l'enregistrement du drone auprès de la Direction Générale du Transport Aérien (DGTA). L'utilisation d'un drone présentant des risques élevés doit obtenir préalablement une autorisation de la DGTA.

3.2 <u>Les Etats-Unis</u>

315. Aux Etats-Unis, l'agence fédérale américaine de l'aviation civile (FAA) a, dès le 21 décembre 2015, permis l'enregistrement des petits drones entre 250 grammes et 25 kilogrammes.

316. Cet enregistrement est valide pour trois ans. Puis la FAA a dévoilé une réglementation le 21 juin 2016, insérée au Titre 14 du Code des régulations Fédérales (Code of Federal Regulations), concernant les drones civils commerciaux de moins de 25 kilogrammes. On retrouve des obligations proches de la réglementation française. Notamment

voler uniquement de jour, garder le drone en vue, l'enregistrement du drone auprès de la FAA, l'âge minimum de 17 ans pour l'opérateur ainsi que la réussite d'un test, et une hauteur maximale de vol de 122 mètres avec une vitesse maximale de 160km/h.

4. LES UTILISATIONS REELLES DU DRONE

317. Les utilisations d'un drone sont multiples, et toutes ne sont pas encore mises en œuvre. Le drone peut suppléer l'homme dans des conditions climatiques extrêmes, dans des endroits inaccessibles, il peut également accompagner les pompiers en intervention, ou permettre la livraison de matériel médical dans des régions reculées, ou encore ravitailler des personnes au sol dans des zones sinistrées.

318. L'Australie les utilise déjà pour prévenir la présence de requins sur les plages.

319. Mark Zuckerberg lance à son tour son entreprise Facebook dans le développement des drones. Son projet, est un drone hélicoptère baptisé Tether-Tenna qui permettrait de fournir une connexion à internet sans fil dans les zones rurales ou touchées par une panne, ou des catastrophes naturelles, le temps de réparer les infrastructures touchées. Dans le même ordre d'idée, les « Loons d'Alphabet » (Loon étant un projet de ballons connectés) ont été utilisés au Costa Rica aux fins de reconnecter les sinistrés de l'ouragan Maria.

320. Certains drones sont capables d'analyser les sols pour détecter un manque d'eau ou d'engrais, ou d'analyser les récoltes.

321. Les drones peuvent avoir une utilité dans tous les domaines, et notamment la construction, pour

surveiller et superviser les projets, surveiller les lignes de chemins de fer, ou transporter rapidement des médicaments.

4.1 La livraison par drones

322. L'utilisation qui fait la plus parler d'elle actuellement est la livraison commerciale par drone. Au Japon, le géant de l'e-commerce Rakuten, met en service son drone sur un parcours de golf depuis le printemps 2016. Ce service permet la livraison de boissons, d'encas et de balles aux joueurs du golf de Chiba, non loin de Tokyo.

323. Aux Etats-Unis, le magasin 7-Eleven a livré un sandwich une boisson et des sucreries avec un drone Flirtey, dans une zone du Nevada relativement peu peuplée au mois de novembre 2016.

324. Au Royaume-Uni, Amazon et son service Amazon Air a effectué sa première livraison le 7 décembre 2016, aux abords de Cambridge, d'une commande effectuée treize minutes plus tôt.

325. En France, la livraison par drone en zone urbaine n'est pas pour tout de suite. En effet, en vertu de la réglementation actuelle, le survol de personnes et le vol en agglomération sont interdits. Un drone de livraison n'est donc pas autorisé à livrer des colis en ville, une évolution législative serait donc nécessaire. De plus, ces livraisons présentent des risques de blessure en cas de perte de contrôle ou de chute, un danger en cas de piratage du drone, ou un risque de collision. La DGAC est

toutefois compétente pour autoriser une livraison par drone en dehors des agglomérations, sous certaines conditions strictes. Ainsi, la DGAC a autorisé le premier service de transport par drone, au sein d'un couloir aérien dans le Var. Cette première ligne commerciale régulière, toujours en phase d'expérimentation, livre des colis par drone, depuis le 15 décembre 2016, par DPDGroupe, filiale du groupe La Poste. Cette livraison a lieu une fois par semaine, sur un parcours de 15km, majoritairement composé de zones non peuplées, afin de livrer une pépinière d'entreprises isolée regroupant une douzaine de startups. Le drone est piloté par un opérateur agréé par la DGAC, il évolue à 30km/h, avec une charge maximale de 3 kilogrammes, et est doté d'un parachute autonome détectant les anomalies en cours de vol et se déclenchant automatiquement en cas de chute.

326. Récemment, la compagnie américaine Amazon a fait valoir mettre au point un système empêchant les détournements des drones, aux fins d'éviter les vols.

327. Airbus et International SOS ont annoncé qu'ils travailleraient ensemble aux fins de mettre en place des systèmes de livraison cargaison par drone (notamment pour livrer des matériels médicaux).

4.2 <u>Les drones ou taxis</u>

328. Dubaï a pour objectif de devenir la première ville à bénéficier d'un service de taxi-drone aérien, baptisé « *Dubaï autonomous air taxi* ». Le premier

essai a eu lieu le 25 septembre 2017, avec un appareil allemand VOLOCOPTER X2, taxi volant, électrique et autonome. L'habitacle sur le modèle de l'hélicoptère contient deux places assises et est surmonté de dix-huit rotors, rendant possible un vol d'une trentaine de minutes, avec une vitesse entre 50 et 100 km/h. Le client commande le drone via une application mobile, et une fois à bord, indique sa destination sur l'écran du drone. Le déploiement commercial est espéré d'ici 5 ans, le temps d'édicter des règles, prévoir les infrastructures et préserver la sécurité. Avec l'objectif d'atteindre d'ici 2030, que ce mode de transport soit utilisé par 25% des passagers.

329. Les fantasmes vont même jusqu'à la voiture volante, mélange de drone et voiture, tout droit sortie de la science-fiction. La startup allemande Lilium a réussi son premier vol d'une voiture volante à deux places au mois d'avril 2017. Leur idée est d'effectuer des vols courts entre les aéroports et les centres villes. Mais cette démonstration de vol n'est pas synonyme de production et commercialisation du modèle.

Conclusion

330. Les récents encadrements législatifs afférents aux drones apporteront une visibilité plus forte aux différents acteurs du marché. Il est fort à parier que suite à ces différentes initiatives législatives, le marché des drones va connaître une forte croissance.

331. Il est d'ores et déjà possible de déceler quelques avancées significatives en la matière, comme la création du poste de « *pilote de drone* » et des différentes formations afférentes.

332. Pour l'heure, le marché du drone n'a pas encore atteint son paroxysme et n'en est qu'à ses balbutiements.

ANNEXES

ANNEXE 1 : Les robots

1/ Charte sur la robotique (Résolution du Parlement européen du 16 février 2017 contenant des recommandations à la Commission concernant des règles de droit civil sur la robotique (2015/2103(INL))

La proposition d'un code de conduite éthique dans le domaine de la robotique jettera les bases de l'identification, de la surveillance et du respect de principes éthiques fondamentaux dès la phase de conception et de développement.

Ce cadre, élaboré après consultation d'un projet de recherche et de développement mené au niveau européen et consacré à la robotique et aux neurosciences, doit être conçu d'une manière réfléchie permettant d'opérer des ajustements individuels au cas par cas afin d'évaluer si un comportement donné est juste ou erroné dans telle ou telle situation et de prendre des décisions selon une hiérarchie de valeurs préétablie.

Le code ne devrait pas se substituer à la nécessité de s'attaquer à tous les grands problèmes juridiques dans ce domaine, mais remplir une fonction complémentaire. Il facilitera plutôt la classification éthique dans le domaine de la robotique, renforcera les efforts d'innovation responsable dans ce domaine et répondra aux préoccupations du public.

L'accent devrait être mis en particulier sur les phases de recherche et de développement de la trajectoire technologique pertinente (processus de conception, examen éthique, contrôles d'audit, etc.). Le code de conduite devrait avoir pour objectif de répondre à la nécessité de veiller au respect des normes éthiques par les chercheurs, les praticiens, les utilisateurs et les concepteurs, mais également d'introduire un processus de recherche de solution pour résoudre les dilemmes éthiques et permettre à ces systèmes de fonctionner de manière responsable d'un point de vue éthique.

CODE DE CONDUITE ÉTHIQUE POUR LES INGÉNIEURS EN ROBOTIQUE

PRÉAMBULE

Le code de conduite invite l'ensemble des chercheurs et des concepteurs à agir de façon responsable et avec la conscience absolue de la nécessité de respecter la dignité, la vie privée et la sécurité des personnes.

Le code demande une étroite collaboration entre toutes les disciplines afin de veiller à ce que la recherche dans le domaine de la robotique dans l'Union européenne soit menée d'une manière sûre, éthique et efficace.

Le code de conduite couvre toutes les activités de recherche et de développement dans le domaine de la robotique.

Le code de conduite est librement consenti et fixe un éventail de principes généraux et de lignes directrices pour les actions menées par toutes les parties intéressées.

Les organismes de financement de la recherche dans le domaine de la robotique, les centres de recherche, les chercheurs et les comités d'éthique sont invités à examiner, au stade le plus précoce, les incidences futures des technologies ou objets à l'étude et de développer une culture de responsabilité en vue de relever les défis et de saisir les occasions qui pourraient se présenter à l'avenir.

Les organismes publics et privés de financement de la recherche dans le domaine de la robotique devraient demander la réalisation et la présentation d'une analyse des risques pour chaque proposition de financement de la recherche en la matière. Ce code devrait considérer que la responsabilité incombe à l'être humain et pas aux robots.

Les chercheurs dans le domaine de la robotique devraient s'engager à adopter une conduite éthique et professionnelle la plus stricte ainsi qu'à respecter les principes suivants:

bienfaisance – les robots devraient agir au mieux des intérêts de l'homme;

non-malfaisance – la théorie «d'abord, ne pas nuire», en vertu de laquelle les robots ne devraient pas nuire à l'homme;

autonomie – la capacité de prendre une décision en connaissance de cause et sans contrainte quant aux modalités d'interaction avec les robots;

justice — répartition équitable des bénéfices liés à la robotique et caractère abordable des robots utilisés dans le domaine des soins à domicile et des soins de santé en particulier.

Droits fondamentaux

Les activités de recherche dans le domaine de la robotique devraient respecter les droits fondamentaux et être au service du bien-être et de l'autodétermination des personnes et de la société dans son ensemble s'agissant des activités de conception, de mise en œuvre, de diffusion et d'exploitation. La dignité et l'autonomie humaines, tant physiques que psychologiques, doivent toujours être respectées.

Précaution

Les activités de recherche dans le domaine de la robotique devraient être menées en respectant le principe de précaution, en anticipant les incidences éventuelles de leurs résultats sur la sécurité et en prenant toute précaution utile en fonction du niveau de protection, tout en stimulant le progrès au bénéfice de la société et de l'environnement.

Ouverture

Les ingénieurs en robotique garantissent la transparence et le respect du droit légitime d'accès à l'information de toutes les parties intéressées. Cette ouverture permet la participation aux processus de décision de toutes les parties prenantes participant à des activités de recherche dans le domaine de la robotique ou concernées par celles-ci.

Obligation de rendre compte

Les ingénieurs en robotique devraient être tenus de rendre compte des incidences sur la société, l'environnement et la santé humaine que la robotique pourrait entraîner pour les générations actuelles et futures.

Sécurité

Les concepteurs de robots devraient considérer et respecter le bien-être physique, la sécurité, la santé et les droits des personnes. Un ingénieur en robotique doit préserver le bien-être humain, tout en respectant les droits de l'homme, et communiquer sans délai les facteurs qui pourraient mettre en danger le public ou l'environnement.

Réversibilité

La réversibilité, qui constitue une condition nécessaire de la possibilité de contrôle, est un concept fondamental lors de la programmation de robots afin qu'ils se comportent de manière sûre et fiable. Un modèle de réversibilité indique au robot quelles actions sont réversibles et, le cas échéant, la manière de les inverser. La possibilité d'annuler la dernière action ou une séquence d'actions permet aux utilisateurs d'annuler des actions non désirées et de revenir à la «bonne» phase de leur travail.

Protection de la vie privée

Le droit au respect de la vie privée doit toujours être respecté. Un ingénieur en robotique devrait s'assurer que les informations privées sont conservées en toute sécurité et toujours utilisées à bon escient. En outre, il devrait garantir que les personnes ne sont pas identifiables personnellement, hors circonstances exceptionnelles et uniquement en cas de consentement clair, éclairé et dénué d'ambiguïté. Le consentement éclairé de la personne devrait être recherché et obtenu préalablement à toute interaction homme-machine. En tant que tels, les ingénieurs en robotique ont la responsabilité de mettre au point et d'appliquer des procédures pour garantir le consentement valable, la confidentialité, l'anonymat, le traitement équitable et le respect de la légalité. Les concepteurs se conformeront à toute demande visant à détruire d'éventuelles données y afférentes ou à les supprimer d'une série de données.

Optimiser les bénéfices et minimiser les préjudices

Les chercheurs devraient viser à maximiser les bénéfices de leur activité à toutes les étapes, depuis la création jusqu'à la diffusion. Il y a lieu d'éviter de porter préjudice aux participants ou aux sujets humains qui prennent part à des expériences, des essais ou des études dans le domaine de la recherche. En cas d'apparition de risques inévitables et faisant partie intégrante de la recherche, il convient de procéder à une évaluation solide des risques et d'établir des protocoles de gestion des risques rigoureux, et de s'y conformer. Normalement, le risque de préjudice ne devrait pas dépasser celui rencontré dans la vie ordinaire, ce qui signifie que les personnes ne devraient pas être exposées à des risques supérieurs ou s'ajoutant à ceux auxquels elles sont exposées dans leur vie quotidienne. L'exploitation d'un système de robotique devrait toujours reposer sur une évaluation approfondie des risques s'appuyant sur les principes de précaution et de proportionnalité.

CODE DE DÉONTOLOGIE POUR LES COMITÉS D'ÉTHIQUE DE LA RECHERCHE

Principes

Indépendance

Le processus d'examen éthique devrait être indépendant de la recherche elle-même. Ce principe souligne la nécessité d'éviter les conflits d'intérêts entre les chercheurs et les examinateurs du protocole d'éthique ainsi qu'entre les examinateurs et les structures de gouvernance organisationnelles.

Compétence

Il convient de faire réaliser le processus d'examen éthique par des examinateurs disposant des compétences appropriées et en tenant compte de la nécessité d'un examen attentif de la diversité dans la composition et de la formation spécifique en matière d'éthique des comités d'éthique de la recherche.

Transparence et obligation de rendre des comptes

Le processus d'examen devrait être responsable et en mesure de faire l'objet d'un contrôle. Les comités d'éthique de la recherche se doivent de prendre conscience de leurs responsabilités et d'être judicieusement placés au sein de structures organisationnelles qui assurent la transparence du fonctionnement et des procédures de ces comités visant à conserver et à examiner les normes.

Rôle d'un comité d'éthique de la recherche

En règle générale, un comité d'éthique de la recherche est chargé d'examiner toute recherche faisant appel à des participants humains effectuée par des personnes employées dans ou par l'institution concernée, en veillant à ce que l'examen éthique soit mené de manière indépendante, compétente et en temps opportun; en protégeant la dignité, les droits et le bien-être des participants à la recherche; en prenant en considération la sécurité du ou des chercheurs; en tenant compte des intérêts légitimes des autres parties intéressées; en rendant un jugement éclairé quant au mérite scientifique des propositions; et en faisant des recommandations en connaissance de cause au chercheur si la proposition est jugée inadéquate à certains égards.

Composition d'un comité d'éthique de la recherche

En règle générale, un comité d'éthique de la recherche devrait être pluridisciplinaire; être composé d'hommes et de femmes; comprendre des membres ayant une vaste expérience et une expertise dans la recherche en robotique. Le mécanisme de désignation devrait veiller à ce que les membres du comité offrent un équilibre approprié entre expertise scientifique et formation philosophique, éthique ou juridique, ainsi qu'une diversité de points de vue. Il devrait en outre comporter au moins un membre ayant des connaissances spécialisées en matière d'éthique ainsi que des utilisateurs de services spécialisés de santé, d'éducation ou de prestations sociales lorsque ces domaines se trouvent au cœur des activités de recherche, et des personnes ayant des compétences méthodologiques spécifiques en rapport avec la recherche qu'elles évaluent; les comités d'éthique de la recherche doivent en outre être constitués de manière à éviter les conflits d'intérêt.

Contrôle

Tous les organismes de recherche devraient mettre en place des procédures appropriées pour contrôler le déroulement de la recherche qui a reçu le feu vert en matière d'éthique jusqu'à son terme, et assurer un examen continu si la conception de la recherche anticipe des évolutions possibles dans le temps qu'il pourrait être nécessaire de traiter. Les contrôles devraient être proportionnés à la nature et à l'intensité du risque lié à la recherche. Lorsqu'un comité d'éthique de la recherche estime qu'un rapport de suivi suscite de vives préoccupations quant à la conduite éthique de l'étude, il devrait demander un compte rendu détaillé et complet de la recherche en vue d'un examen éthique exhaustif. Dans le cas où il est jugé qu'une étude est menée d'une manière qui est contraire à l'éthique, le retrait de son approbation devrait être envisagé et la recherche devrait être suspendue ou interrompue.

LICENCE POUR LES CONCEPTEURS

– Les concepteurs devraient tenir compte des valeurs européennes de dignité, d'autonomie et d'autodétermination, ainsi que de liberté et de justice, avant, pendant et après le processus de conception, de développement et de fourniture de ces technologies, y compris la nécessité de ne pas léser, blesser, tromper ou exploiter les utilisateurs (vulnérables).

– Les concepteurs devraient instaurer des principes de conception de systèmes fiables dans tous les aspects du fonctionnement d'un robot, tant pour la conception du matériel et des logiciels que pour le traitement de données «on platform» ou «off platform» à des fins de sécurité.

– Les concepteurs devraient mettre en place des dispositifs de protection de la vie privée dès la conception pour assurer que les informations privées sont conservées en toute sécurité et toujours utilisées de manière appropriée.

– Les concepteurs devraient intégrer des mécanismes de sortie évidents (boutons d'arrêt d'urgence) qui devraient concorder avec des objectifs de conception raisonnables.

– Les concepteurs devraient garantir qu'un robot fonctionne d'une manière conforme aux principes éthiques et juridiques en vigueur aux niveaux local, national et international.

– Les concepteurs devraient veiller à ce que les étapes décisionnelles du robot soient soumises à la reconstruction et à la traçabilité.

– Les concepteurs devraient s'assurer qu'une transparence maximale est requise dans la programmation des systèmes robotiques, ainsi que la prévisibilité du comportement des robots.

– Les concepteurs devraient analyser la prévisibilité d'un système humain-robot en examinant les incertitudes dans l'interprétation et dans l'action ainsi que d'éventuelles défaillances des robots ou de l'homme.

– Les concepteurs devraient élaborer des outils de traçage lors de la phase de conception du robot. Ces outils permettront de rendre compte et d'expliquer les comportements des robots, même de manière limitée, aux différents niveaux prévus pour les experts, les opérateurs et les utilisateurs.

– Les concepteurs devraient élaborer des protocoles de conception et d'évaluation, et collaborer avec les utilisateurs et les parties intéressées potentiels pour évaluer les avantages et les risques de la robotique, y compris sur le plan cognitif, psychologique et environnemental.

– Les concepteurs devraient s'assurer que les robots sont identifiables en tant que robots lorsqu'ils interagissent avec les humains.

– Les concepteurs devraient sauvegarder la sécurité et la santé des personnes qui interagissent et entrent en contact avec les robots, étant donné que ces derniers, en tant que produits, devraient être conçus selon des processus garantissant leur sûreté et leur sécurité. Un ingénieur en robotique doit préserver le bien-être humain, tout en respectant les droits de l'homme, et ne peut pas actionner un robot sans garantir la sécurité, l'efficacité et la réversibilité du fonctionnement du système.

– Les concepteurs devraient obtenir un avis positif d'un comité d'éthique de la recherche avant de tester un robot dans un environnement réel ou impliquant des êtres humains dans les procédures de conception et de développement.

LICENCE POUR LES UTILISATEURS

– Les utilisateurs sont autorisés à utiliser un robot sans risque ou crainte de préjudice physique ou psychique.

– Les utilisateurs devraient avoir le droit de s'attendre à ce qu'un robot effectue toute tâche pour laquelle il a été explicitement conçu.

– Les utilisateurs devraient être conscients que tout robot peut comporter des limites de perception, des limites cognitives et des limites d'actionnement.

– Les utilisateurs devraient respecter la fragilité humaine, tant physique que psychologique, ainsi que les besoins émotionnels des personnes.

– Les utilisateurs devraient tenir compte du droit à la vie privée dont jouissent les individus, y compris la désactivation de moniteurs vidéo au cours de procédures intimes.

– Les utilisateurs ne sont pas autorisés à collecter, à utiliser ou à divulguer des informations personnelles sans le consentement explicite de la personne concernée.

– Les utilisateurs ne sont pas autorisés à utiliser un robot d'une manière qui enfreint les principes et normes éthiques ou juridiques.

– Les utilisateurs ne sont pas autorisés à modifier des robots pour les utiliser comme des armes.

2/ Lettre ouverte à la Commission Européenne sur l'Intelligence artificielle et la robotique

"We, Artificial Intelligence and Robotics Experts, industry leaders, law, medical and ethics experts, confirm that establishing EU-wide rules for Robotics and Artificial Intelligence is pertinent to guarantee a **high level of safety and security to the European Union citizens** while fostering **innovation**.

As human-robot interactions become common place, the European Union needs to offer the appropriate framework to **reinforce Democracy and European Union values.** In fact, the Artificial Intelligence and Robotics framework must be explored not only through economic and legal aspects, but also through its societal, psychological and ethical impacts. In this context, we are **concerned** by the European Parliament Resolution on Civil Law Rules of

Robotics, and its recommendation to the European Commission in its paragraph 59 f):

"Creating a specific **legal status for robots** in the long run, so that at least the most sophisticated autonomous robots could be established as having the status of electronic persons responsible for making good any damage they may cause, and possibly applying electronic personality to cases where robots make autonomous decisions or otherwise interact with third parties independently;"

WE BELIEVE THAT:

1. The economical, legal, societal and ethical impact of AI and Robotics must be considered without haste or bias. The benefit to all humanity should preside over the framework for EU civil law rules in Robotics and Artificial Intelligence.

2. The creation of a **Legal Status** of an "electronic person" for "autonomous", "unpredictable" and "self-learning" robots is justified by the incorrect affirmation that damage liability would be impossible to prove.

From a **technical** perspective, this statement offers many bias based on an overvaluation of the actual capabilities of even the most advanced robots, a superficial understanding of unpredictability and self-learning capacities and, a robot perception distorted by Science-Fiction and a few recent sensational press announcements.

From an **ethical** and **legal** perspective, creating a legal personality for a robot is inappropriate whatever the legal status model:

a. A legal status for a robot can't derive from the **Natural Person model**, since the robot would then hold human rights, such as the right to dignity, the right to its integrity, the right to remuneration or the right to citizenship, thus directly confronting the Human rights. This would be in contradiction with the **Charter of Fundamental Rights of the European Union** and the**Convention for the Protection of Human Rights and Fundamental Freedoms.**

b. The legal status for a robot can't derive from the **Legal Entity model**, since it implies the existence of human persons behind the legal person to represent and direct it. And this is not the case for a robot.

c. The legal status for a robot can't derive from the **Anglo-Saxon Trust model** also called ***Fiducie*** or ***Treuhand*** in Germany. Indeed, this regime is extremely complex, requires very specialized competences and would not solve the liability issue. More importantly , it would still imply the existence of a human being as a last resort – the trustee or fiduciary – responsible for managing the robot granted with a Trust or a *Fiducie*."

ANNEXE 2 : L'intelligence artificielle

1./ Extrait de la loi n° 2016-1321 du 7 octobre 2016 pour une République numérique

Titre Ier : LA CIRCULATION DES DONNÉES ET DU SAVOIR

Article 20

L'article L. 10 du code de justice administrative est complété par quatre alinéas ainsi rédigés :
« Ces jugements sont mis à la disposition du public à titre gratuit dans le respect de la vie privée des personnes concernées.
« Cette mise à disposition du public est précédée d'une analyse du risque de ré-identification des personnes.
« Les articles L. 321-1 à L. 326-1 du code des relations entre le public et l'administration sont également applicables à la réutilisation des informations publiques figurant dans ces jugements.
« Un décret en Conseil d'Etat fixe, pour les jugements de premier ressort, d'appel ou de cassation, les conditions d'application du présent article. »

Article 21

Le chapitre unique du titre Ier du livre Ier du code de l'organisation judiciaire est complété par un article L. 111-13 ainsi rédigé :

« Art. L. 111-13. - Sans préjudice des dispositions particulières qui régissent l'accès aux décisions de justice et leur publicité, les décisions rendues par les juridictions

judiciaires sont mises à la disposition du public à titre gratuit dans le respect de la vie privée des personnes concernées.
« Cette mise à disposition du public est précédée d'une analyse du risque de ré-identification des personnes.
« Les articles L. 321-1 à L. 326-1 du code des relations entre le public et l'administration sont également applicables à la réutilisation des informations publiques figurant dans ces décisions.
« Un décret en Conseil d'Etat fixe, pour les décisions de premier ressort, d'appel ou de cassation, les conditions d'application du présent article. »

ANNEXE 3 Les voitures autonomes

1./ Ordonnance n° 2016-1057 du 3 août 2016 relative à l'expérimentation de véhicules à délégation de conduite sur les voies publiques

Article 1

La circulation à des fins expérimentales d'un véhicule à délégation partielle ou totale de conduite sur une voie ouverte à la circulation publique est subordonnée à la délivrance d'une autorisation destinée à assurer la sécurité du déroulement de l'expérimentation.

Article 2

L'autorisation est accordée par le ministre chargé des transports après avis du ministre de l'intérieur, s'il y a lieu après avis du gestionnaire de la voirie, de l'autorité compétente en matière de la police de la circulation et de l'autorité organisatrice des transports concernés.

<u>2./ Convention sur la circulation routière Conclue à Vienne le 8 novembre 1968</u>

Art. 8 **Conducteurs**

1. Tout véhicule en mouvement ou tout ensemble de véhicules en mouvement doit avoir un conducteur.

2. Il est recommandé que les législations nationales prévoient que les bêtes de charge, les bêtes de trait ou de selle et, sauf éventuellement dans les zones spécialement signalées à l'entrée, les bestiaux isolés ou en troupeaux doivent avoir un conducteur.

3. Tout conducteur doit posséder les qualités physiques et psychiques nécessaires et être en état physique et mental de conduire.

4. Tout conducteur de véhicule à moteur doit avoir les connaissances et l'habileté nécessaires à la conduite du véhicule; cette disposition ne fait pas obstacle, toutefois, à l'apprentissage de la conduite selon la législation nationale.

5 Tout conducteur doit constamment avoir le contrôle de son véhicule ou pouvoir guider ses animaux.

5bis. Les systèmes embarqués ayant une incidence sur la conduite du véhicule sont réputés conformes au par. 5 du présent article et au premier paragraphe de l'art. 13 s'ils sont conformes aux prescriptions en matière de construction, de montage et d'utilisation énoncées dans les instruments juridiques internationaux relatifs aux véhicules à roues et aux équipements et pièces susceptibles d'être montés et/ou utilisés sur un véhicule à roues.

Les systèmes embarqués ayant une incidence sur la conduite d'un véhicule qui ne sont pas conformes aux prescriptions en matière de construction, de montage et d'utilisation susmentionnées sont réputés conformes au par. 5 du présent article et au premier paragraphe de l'art. 13 pour autant qu'ils puissent être neutralisés ou désactivés par le conducteur.

Le conducteur d'un véhicule doit éviter toute activité autre que la conduite. La législation nationale devrait prescrire des règles sur l'utilisation des téléphones par les conducteurs de véhicules. En tout cas, la législation doit interdire l'utilisation par le conducteur d'un véhicule à moteur ou d'un cyclomoteur d'un téléphone tenu à la main lorsque le véhicule est en mouvement

3./ Extrait du décret n°2018-211 du 28 mars 2018 relatif à l'expérimentation de véhicules à délégation de conduite sur les voies publiques

Titre Ier : DÉLIVRANCE DE L'AUTORISATION D'EXPÉRIMENTATION

Article 1

L'autorisation prévue par l'article 1er de l'ordonnance du 3 août 2016 susvisée porte sur l'expérimentation de véhicules à délégation de conduite dans un ou plusieurs des cas suivants :
1° Essais techniques et mise au point ;
2° Evaluation des performances en situation pour l'usage auquel est destiné le véhicule à délégation de conduite ;
3° Démonstration publique, notamment lors de manifestations événementielles.

L'autorisation peut porter sur un véhicule affecté à l'exécution d'un service de transport de personnes ou de marchandises.
La demande d'autorisation est déposée selon des modalités prises par arrêté conjoint du ministre chargé des transports et du ministre de l'intérieur.

Article 2

La demande d'autorisation est soumise aux consultations préalables des autorités administratives mentionnées à l'article 2 de l'ordonnance du 3 août 2016 susvisée dans les conditions suivantes :
1° L'avis du gestionnaire de la voirie sur laquelle se déroule l'expérimentation, lorsqu'il ne se confond pas avec le demandeur ;
2° L'avis de l'autorité compétente en matière de police de la circulation lorsque des mesures spécifiques de police de la circulation sont requises ;
3° L'avis de l'autorité organisatrice des transports lorsque la demande d'autorisation d'expérimentation porte sur des véhicules affectés à l'exécution d'un service de transport public.
Une autorité mentionnée aux 1°, 2° ou 3° dispose d'un délai de trois mois, à compter de sa sollicitation par le ministre chargé des transports, pour lui rendre son avis. A défaut, son avis est réputé rendu.

Article 3

L'autorisation précise les sections de voirie sur lesquelles le véhicule est autorisé à circuler en délégation de conduite ainsi que les fonctions de délégation de conduite qui peuvent être activées.

Elle détermine le trajet sur lequel se déroule l'expérimentation des véhicules destinés au transport public de personnes ou au transport de marchandises.

Article 4

L'autorisation peut être assortie de conditions en vue de garantir la sécurité durant l'expérimentation.

Article 5

L'autorisation précise la date de début et la durée de l'expérimentation. La durée maximale de l'autorisation est de deux ans.
Elle peut être renouvelée une fois à la demande du bénéficiaire, compte tenu notamment des données recueillies lors du suivi et du bilan de l'expérimentation.
Elle peut être modifiée selon les modalités prévues pour la délivrance de l'autorisation initiale.

Article 6

Le silence gardé par l'administration pendant six mois vaut décision de rejet d'une demande d'autorisation d'expérimentation.

Article 7

Les gestionnaires de voirie, les autorités compétentes en matière de police de la circulation, les services de l'Etat chargés du contrôle des transports terrestres et les autorités organisatrices des transports situés dans le périmètre de l'expérimentation sont informés de la délivrance d'une autorisation d'expérimentation, de son périmètre géographique, de sa date de début et de sa durée.

Titre II : CERTIFICAT WW DPTC

Article 8

L'article R. 322-3 du code de la route est ainsi modifié :
1° Le premier alinéa est ainsi modifié :
a) Après les mots : « certificat W garage » sont insérés les mots : «, d'un certificat provisoire d'immatriculation permettant la circulation à titre expérimental d'un véhicule à délégation partielle ou totale de conduite, dit certificat WW DPTC, » ;
b) Les mots : « la Communauté européenne » sont remplacés par les mots : « l'Union européenne » ;
2° Au deuxième alinéa, les mots : « de ces titres provisoires d'immatriculation » sont remplacés par les mots : « du certificat provisoire d'immatriculation, du coupon détachable dûment rempli, du certificat W garage ou d'un certificat de transit ou d'un document équivalent délivré par les autorités compétentes d'un Etat membre de l'Union européenne » ;
3°) Après le deuxième alinéa, il est inséré un alinéa ainsi rédigé :
« Les conditions d'attribution et de durée d'utilisation du certificat WW DPTC sont définies par arrêté conjoint du ministre chargé des transports et du ministre de l'intérieur. »

Titre III : CONDITIONS RELATIVES AU DÉROULÉ DE L'EXPÉRIMENTATION

Section 1 : Conditions générales de l'expérimentation

Article 9

Les véhicules relevant d'une expérimentation de véhicule à délégation de conduite circulent sous couvert d'un certificat WW DPTC.

Article 10

L'expérimentateur met en œuvre les mesures nécessaires pour remédier aux événements susceptibles de porter atteinte à la sécurité.

Article 11

Les véhicules sont équipés d'un dispositif d'enregistrement permettant de déterminer à tout instant si le véhicule a circulé en mode de délégation partielle ou totale de conduite. Les données sont automatiquement et régulièrement effacées.
En cas d'accident, les données enregistrées au cours des dernières cinq minutes sont conservées par le titulaire de l'autorisation durant un an.

Article 12

I. - Lors de l'activation des fonctions de délégation de conduite, une personne assure, en qualité de conducteur, la conduite du véhicule.
II. - Lors de l'activation des fonctions de délégation de conduite, le conducteur est à tout instant en capacité de

prendre le contrôle du véhicule, notamment en cas d'urgence ou lorsque le véhicule sort des conditions d'utilisation définies pour l'expérimentation.
III. - Le conducteur doit avoir reçu une formation préalable adéquate aux fonctions de délégation de conduite mises en œuvre pendant l'expérimentation.
IV. - L'autorisation d'expérimentation peut autoriser le conducteur du véhicule à se trouver physiquement à l'extérieur du véhicule. Il doit alors être en mesure de prendre le contrôle du véhicule à tout instant.

Article 13

I. - Les véhicules à délégation de conduite ne peuvent transporter que les personnes et le matériel autorisés par le conducteur, qui en fait mention dans un registre tenu à bord du véhicule.
Les personnes transportées sont informées de leur participation à une expérimentation et donnent leur accord à cette participation.
II. - Par dérogation au I, dans les véhicules affectés exclusivement à l'exécution d'un service de transport de personnes, il peut être transporté du public non inscrit nominativement sur un registre à condition de l'informer préalablement de sa participation à une expérimentation.
III. - Les personnes mineures ne sont pas autorisées à participer à une expérimentation.
Pour les véhicules destinés au transport public de personnes, les personnes mineures peuvent participer dès lors qu'elles sont accompagnées de leur représentant légal ou d'une personne exerçant une autorité de droit ou de fait.
IV. - Lorsque le véhicule est destiné au transport public de personnes, il comporte une mention visible par tous ses occupants indiquant qu'il s'agit d'un véhicule expérimental

à délégation de conduite et les prescriptions qui s'appliquent au transport des personnes mineures.

Article 14

L'expérimentation donne lieu à un suivi et à un bilan dont les modalités sont définies par un arrêté conjoint du ministre de l'intérieur et du ministre chargé des transports.

Section 2 : Dispositions particulières pour les véhicules affectés à un service de transport

Article 15

Toute expérimentation d'un véhicule à délégation de conduite destiné au transport public de personnes comporte une période d'essai sans voyageurs, qui donne lieu, avant le transport de voyageurs, à un compte rendu transmis au ministre chargé des transports.

Article 16

Après le 4° de l'article R. 3113-10 du code des transports, il est inséré un alinéa ainsi rédigé :
« 5° Les entreprises qui utilisent exclusivement des véhicules circulant sous couvert d'un certificat WW DPTC. »

Article 17

Le code des transports est ainsi modifié :
1° Après l'article R. 3211-7, il est inséré un article R. 3211-7-1 ainsi rédigé :

« Art. R. 3211-7-1.-Sont dispensées des exigences de capacités financière et professionnelle mentionnées à l'article R. 3211-7, les entreprises qui utilisent exclusivement des véhicules circulant sous couvert d'un certificat WW DPTC. » ;
2° Le 2° de l'article R. 3211-12 est complété par les mots : « ou lorsqu'elle utilise exclusivement des véhicules circulant sous couvert d'un certificat WW DPTC ».

Titre IV : CONTRÔLE ET SANCTIONS

Article 18

Sans préjudice de l'application des dispositions de l'article R. 610-5 du code pénal, en cas de manquement constaté aux conditions d'expérimentation, le ministre chargé des transports peut décider soit de suspendre l'autorisation pour une durée maximale de deux mois, soit de la retirer.
En cas d'événement de nature à porter atteinte à la sécurité impliquant un véhicule à délégation de conduite, le ministre chargé des transports peut décider soit de subordonner le maintien de l'autorisation d'expérimentation à des conditions supplémentaires, soit de la suspendre pour une durée maximale de deux mois, soit de la retirer. Cette décision peut porter soit sur le seul véhicule impliqué, soit sur l'ensemble des véhicules couverts par l'autorisation.
Dans les cas prévus aux premier et deuxième alinéas, la mesure est prononcée, sauf en cas d'urgence, après que l'expérimentateur a été en mesure de présenter ses observations. Elle tient compte de la nature et de la gravité des faits.
Elle emporte, selon le cas, la suspension ou le retrait du certificat WW DPTC.

Titre V : DISPOSITIONS TRANSITOIRES ET FINALES

Article 19

L'article 9 entre en vigueur le 1er janvier 2019. Les véhicules relevant d'une expérimentation dont l'autorisation est délivrée avant le 1er janvier 2019 circulent sous couvert d'un certificat W garage.

Article 20

Le ministre d'Etat, ministre de l'intérieur, le ministre d'Etat, ministre de la transition écologique et solidaire, et la ministre auprès du ministre d'Etat, ministre de la transition écologique et solidaire, chargée des transports, sont chargés, chacun en ce qui les concerne, de l'exécution du présent décret, qui sera publié au Journal officiel de la République française.

5. Extrait de l'arrêté du 17 avril 2018 relatif à l'expérimentation de véhicules à délégation de conduite sur les voies publiques

Article 1

Le présent arrêté fixe la composition du dossier de demande d'autorisation de circulation à des fins expérimentales d'un véhicule à délégation de conduite sur les voies ouvertes à la circulation publique en vue de la délivrance d'un certificat WW DPTC.
Il précise le contenu du registre créé pour répertorier les autorisations accordées.

Article 2

Pour l'application du présent arrêté, les termes ci-après définis désignent :

1° « Véhicule DPTC » : un véhicule à délégation partielle ou totale de conduite est un véhicule qui se rattache à la catégorie internationale M, N, L, T ou C ou qui relève d'un genre national, muni d'une ou plusieurs fonctionnalités permettant de déléguer au véhicule tout ou partie des tâches de conduite pendant tout ou partie du parcours du véhicule.

La délégation est partielle lorsque le conducteur délègue au système électronique du véhicule une partie des tâches de conduite mais conserve a minima une action physique de conduite.

La délégation est totale lorsque le conducteur délègue complètement au système électronique du véhicule l'ensemble des tâches de conduite.

Cette définition exclut les aides à la conduite, qui ne dispensent pas le conducteur d'exercer les tâches de conduite. Elle exclut également les dispositifs de sécurité légaux, qui font l'objet d'une homologation et d'une obligation d'équipement au sens de la réglementation en vigueur.

Les véhicules DPTC circulant à des fins expérimentales ne sont pas des systèmes de transports au sens de l'article L. 1612-2 du code des transports.

2° « Fonctionnement en mode délégué » : il y a fonctionnement en mode délégué d'un véhicule DPTC lorsque la conduite est partiellement ou totalement déléguée et que les fonctionnalités permettant une telle conduite sont activées.

3° « Fonctionnement en mode conventionnel » : il y a fonctionnement en mode conventionnel d'un véhicule DPTC lorsque le véhicule ne fonctionne pas en mode délégué.

4° « Expérimentation de véhicules DPTC » : désigne toute circulation de véhicules DPTC pendant une période déterminée et à des fins expérimentales sur les voies ouvertes à la circulation publique, selon les conditions prévues par le présent arrêté.
5° « Conducteur de véhicules DPTC » : désigne une personne physique responsable de la conduite d'un véhicule DPTC, titulaire du permis de conduire valide requis par les caractéristiques du véhicule concerné, que ce dernier fonctionne en mode délégué ou en mode conventionnel.

Chapitre IER : Dossier de demande d'autorisation

Article 3

I. - Le dossier de demande d'autorisation de circulation à des fins expérimentales d'un véhicule à délégation de conduite est adressé au ministre chargé des transports et au ministre de l'intérieur, par le propriétaire du ou des véhicules DPTC concernés par l'expérimentation, ou par une personne justifiant de son lien avec ce propriétaire.
Un dossier de demande d'autorisation de circulation peut être présenté pour plusieurs véhicules concernés par une même expérimentation.
Ce dossier, ainsi que toutes les pièces l'accompagnant, doit être rédigé en langue française.
II. - Le dossier de demande d'autorisation de circulation à des fins expérimentales d'un VDPTC décrit les conditions dans lesquelles l'expérimentation sera réalisée. L'ensemble des éléments déclarés dans le dossier engage le demandeur.
Toute modification de l'expérimentation par rapport au dossier déposé ou aux conditions spécifiques définies dans l'autorisation fait l'objet d'une demande par le détenteur de l'autorisation initialement accordée aux ministres

compétents. Les ministres compétents révisent, le cas échéant, les conditions définies dans l'autorisation initialement accordée.

III. - Le dossier de demande d'autorisation de circulation à des fins expérimentales d'un véhicule à délégation de conduite est composé des pièces suivantes :

1° Le questionnaire figurant en annexe 1 du présent arrêté, dûment complété et signé ;

2° Un dossier technique du ou des véhicules, dont la liste des informations demandées figure en annexe 2, permettant d'établir le respect des dispositions des articles L. 311-1 et L. 318-1 du code de la route et, dans le cas de véhicules affectés à un service de transport de personnes, des dispositions de l'arrêté du 2 juillet 1982 relatif aux transports en commun de personnes ;

3° Un dossier d'expérimentation dont la liste des pièces demandées figure en annexe 3 ;

IV. - La lettre de demande est adressée au ministre chargé des transports et au ministre de l'intérieur. Les pièces accompagnant la demande sont envoyées en version électronique aux adresses suivantes : vdptc@developpement-durable.gouv.fr et vdptc@interieur.gouv.fr.

Le signataire du dossier de demande d'autorisation doit avoir la capacité pour représenter son entreprise dans cette démarche (délégation de pouvoirs, mandat...).

V. - L'instruction de la demande d'autorisation de circulation à des fins expérimentales d'un véhicule à délégation de conduite est effectuée conjointement par les services du ministre chargé des transports et du ministre de l'intérieur.

VI. - L'autorisation de circulation à des fins expérimentales d'un véhicule à délégation de conduite est signée par le ministre chargé des transports, après avis du ministre de l'intérieur.

VII. - La demande de renouvellement de l'autorisation de circulation est présentée au ministre chargé des transports et au ministre de l'intérieur au plus tard trois mois avant l'expiration de l'autorisation.
VIII. - L'autorisation de circulation à des fins expérimentales d'un véhicule à délégation de conduite peut être modifiée, suspendue ou retirée, par décision du ministre chargé des transports.

Article 4

I. - La demande de certificat WW DPTC est effectuée auprès du ministre de l'intérieur par voie électronique ou par l'intermédiaire d'un professionnel de l'automobile habilité par le ministre de l'intérieur par le propriétaire du ou des véhicules DPTC concernés par l'expérimentation.
Le certificat WW DPTC est délivré par le ministre de l'intérieur sur présentation de la décision d'autorisation de circulation à des fins expérimentales d'un véhicule à délégation de conduite du ministre chargé des transports prise après avis du ministre de l'intérieur.
Après instruction de la demande de certificat WW DPTC, celui-ci est expédié à l'adresse électronique déclarée sous la forme d'un document sécurisé.
II. - Un certificat WW DPTC est attribué à un seul et unique véhicule identifié par son numéro d'identification gravé ou frappé à froid sur le châssis du véhicule.
Dans le cas où le certificat WW DPTC est sollicité pour un véhicule automobile déjà immatriculé, le numéro d'immatriculation du véhicule associé à ce certificat WW DPTC est utilisé.
Les éléments constitutifs d'un ensemble de véhicules à moteur ne sont pas couverts par le même certificat WW DPTC.
III. - Le certificat WW DPTC est valable pour la période

mentionnée dans l'autorisation de circulation à des fins expérimentales d'un véhicule à délégation de conduite. Il comporte la date de fin de validité de l'immatriculation provisoire.
En cas de renouvellement de l'autorisation, le certificat WW DPTC peut être renouvelé par voie électronique, sur présentation de la décision de renouvellement d'autorisation.
IV. - Le certificat WW DPTC permet la circulation en mode délégué sur les sections de voirie indiquées dans la décision d'autorisation de circulation à des fins expérimentales d'un véhicule à délégation de conduite. Ce certificat permet la circulation en mode conventionnel sur l'ensemble du territoire national sauf si une mention contraire est inscrite dans la décision d'autorisation.
En cas de contrôle routier, la décision d'autorisation de circulation à des fins expérimentales concernant le véhicule, ou sa copie, est présentée lors de toute réquisition des agents de l'autorité compétente.
V. - Le titulaire du certificat WW DPTC ou son préposé qui doit justifier, par tout document signé du titulaire du certificat WW DPTC, de ses liens avec ce dernier, est présent à bord du véhicule DPTC.
Par dérogation au point précédent, le titulaire du certificat WW DPTC peut donner mandat à une personne tierce participant à l'expérimentation pour le représenter à bord du véhicule. Dans ce cas, un exemplaire du mandat est présent dans le véhicule. En cas de contrôle routier, il est présenté lors de toute réquisition des agents de l'autorité compétente.
VI. - Le ministre chargé des transports et le ministre de l'intérieur sont informés de tout événement susceptible de porter atteinte à la sécurité impliquant un véhicule circulant sous couvert d'un certificat DPTC aux adresses suivantes : vdptc@developpement-durable.gouv.fr et vdptc@interieur.gouv.fr.

En cas d'accident impliquant un véhicule circulant sous couvert d'un certificat WW DTPC, le titulaire du certificat, son collaborateur ou son mandataire informe immédiatement l'administration. Les modalités d'information sont précisées dans l'autorisation de circulation à des fins expérimentales d'un véhicule à délégation de conduite associée au certificat WW DPTC.
VII. - Les dispositions du I entrent en vigueur le 1er janvier 2019.
VIII. - Par dérogation au 3.4 de l'annexe 9 de l'arrêté du 9 février 2009 relatif aux modalités d'immatriculation des véhicules, les certificats W garage délivrés avant le 1er janvier 2019 permettent aux véhicules DPTC affectés exclusivement à l'exécution d'un service de transport de personnes de transporter du public, à condition de l'informer de sa participation à une expérimentation. A cet effet, les organisateurs mettent en place les moyens d'information préalables adaptés.

Chapitre II : Suivi des expérimentations

Article 5

Les informations relatives aux expérimentations autorisées font l'objet d'un enregistrement dans un registre national interne aux services de l'Etat et d'un suivi dans le respect du secret industriel et commercial.
La diffusion de ces informations est restreinte aux services de l'Etat qui sont parties prenantes au pilotage et à l'évaluation de l'expérimentation.

Article 6

Le détenteur de l'autorisation présente aux ministres compétents un suivi semestriel, ou trimestriel dans le cas d'une expérimentation de véhicule destiné au transport public de personnes, de l'expérimentation autorisée dans le mois suivant chaque semestre échu, ainsi qu'un bilan final dans le mois suivant la fin de l'expérimentation comprenant a minima les éléments listés en annexe 5. Ces bilans sont adressés par voie électronique aux adresses suivantes : vdptc@developpement-durable.gouv.fr et vdptc@interieur.gouv.fr.

Article 7

Le directeur général de l'énergie et du climat et le délégué à la sécurité routière sont chargés, chacun en ce qui le concerne, de l'exécution du présent arrêté, qui sera publié au Journal officiel de la République française.

5./ Code de la route

Article L121-1

Le conducteur d'un véhicule est responsable pénalement des infractions commises par lui dans la conduite dudit véhicule.

Toutefois, lorsque le conducteur a agi en qualité de préposé, le tribunal pourra, compte tenu des circonstances de fait et des conditions de travail de l'intéressé, décider que le paiement des amendes de police prononcées en vertu du présent code sera, en totalité ou en partie, à la charge du commettant si celui-ci a été cité à l'audience.

Article R412-6

I.-Tout véhicule en mouvement ou tout ensemble de véhicules en mouvement doit avoir un conducteur. Celui-ci doit, à tout moment, adopter un comportement prudent et respectueux envers les autres usagers des voies ouvertes à la circulation. Il doit notamment faire preuve d'une prudence accrue à l'égard des usagers les plus vulnérables.

II.-Tout conducteur doit se tenir constamment en état et en position d'exécuter commodément et sans délai toutes les manoeuvres qui lui incombent. Ses possibilités de mouvement et son champ de vision ne doivent pas être réduits par le nombre ou la position des passagers, par les objets transportés ou par l'apposition d'objets non transparents sur les vitres.

III.-Le fait, pour tout conducteur, de contrevenir aux dispositions du II ci-dessus est puni de l'amende prévue pour les contraventions de la deuxième classe.

IV.-En cas d'infraction aux dispositions du II ci-dessus, l'immobilisation du véhicule peut être prescrite dans les conditions prévues aux articles L. 325-1 à L. 325-3.

ANNEXE 4 Les drones

1./Arrêté du 17 décembre 2015 relatif à l'utilisation de l'espace aérien par les aéronefs qui circulent sans personne à bord

Article 1 Objet et champ d'application.

Le présent arrêté fixe les dispositions relatives à l'utilisation de l'espace aérien par les aéronefs qui circulent sans personne à bord, sans préjudice des dispositions de l'article L. 6211-3 du code des transports.
Ses dispositions ne s'appliquent pas aux ballons captifs ni aux cerfs-volants.
Elles ne s'appliquent pas non plus aux aéronefs qui circulent sans personne à bord évoluant selon les règles de la circulation aérienne militaire.

Article 2 Définitions.

Aux fins du présent arrêté :
1° Les définitions de l'article 2 de l'arrêté du 17 décembre 2015 susvisé s'appliquent ;
2° Un aéronef télépiloté est dit « évoluer en vue » lorsque ses évolutions se situent à une distance du télépilote telle que celui-ci conserve une vue directe sur l'aéronef et une vue dégagée sur l'environnement aérien permettant de détecter tout rapprochement d'aéronef et de prévenir les collisions. Dans les autres cas, il est dit « évoluer hors vue ». Dans cette définition, la vue directe est obtenue sans aucun dispositif optique autre que des verres correcteurs ou

des lentilles de contact oculaires correctrices compensant une anomalie visuelle ;
3° Les termes : « aéromodélisme », « expérimentation » et « activité particulière » font référence à la classification des activités définie à l'article 3 de l'arrêté du 17 décembre 2015 susvisé ;
4° Dans le cadre du survol d'un département par un aéronef qui circule sans personne à bord, les termes : « préfet territorialement compétent » désignent le préfet de police pour ce qui concerne le département de Paris, le préfet de police des Bouches-du-Rhône pour ce qui concerne le département des Bouches-du-Rhône, et le préfet de département pour les autres départements ;
5° Dans le cadre du survol de la mer territoriale par un aéronef qui circule sans personne à bord, les termes : « préfet territorialement compétent » désignent le préfet maritime territorialement compétent.

Article 3 Dispositions générales.

1° Les aéronefs qui circulent sans personne à bord évoluent dans l'espace aérien dans le cadre d'activités d'aéromodélisme, d'activités particulières ou d'expérimentations.
2° Les aéronefs qui circulent sans personne à bord sont exploités de manière à ce qu'il n'en résulte pas un risque de dommage aux autres aéronefs.
3° Les aéronefs qui circulent sans personne à bord sont télépilotés ou évoluent de manière autonome selon les dispositions relatives aux activités d'aéromodélisme de l'article 3 de l'arrêté du 17 décembre 2015 susvisé.
4° Les aéronefs qui circulent sans personne à bord n'évoluent pas de nuit au sens du règlement d'exécution (UE) n° 923/2012 et de l'arrêté du 11 décembre 2014

susvisés.
Toutefois, les évolutions de nuit dans le cadre d'activité d'aéromodélisme sont possibles sur une localisation d'activité dont la publication à l'information aéronautique prévoit des conditions applicables pour de telles évolutions et sous réserve du respect de ces conditions.
5° Le télépilote d'un aéronef qui circule sans personne à bord évoluant en vue détecte visuellement et auditivement tout rapprochement d'aéronef. Il cède le passage à tout aéronef habité et applique vis-à-vis des autres aéronefs qui circulent sans personne à bord les dispositions de prévention des abordages prévues par les règles de l'air annexées au règlement d'exécution (UE) n° 923/2012 susvisé.
6° Lorsqu'un aéronef qui circule sans personne à bord évolue hors vue, il est utilisé hors des nuages.
7° Les demandes de localisation d'activité et d'accord des comités régionaux de gestion de l'espace aérien requis en application des dispositions des articles 5 et 7 du présent arrêté sont adressées au service de l'aviation civile territorialement compétent par le responsable de l'activité en utilisant le formulaire CERFA intitulé " Demande de localisation d'activité ou d'accord des comités régionaux de gestion de l'espace aérien ", disponible auprès du ministre chargé de l'aviation civile (direction générale de l'aviation civile) sur le site http://www.developpement-durable.gouv.fr et publié sur le site service-public.fr.

Article 4 Restrictions et interdictions de survol.

1° Les aéronefs qui circulent sans personne à bord n'évoluent pas à l'intérieur des zones interdites au sens du règlement d'exécution (UE) n° 923/2012 susvisé, sauf lorsqu'ils respectent les conditions de pénétration publiées.

2° Les aéronefs qui circulent sans personne à bord n'évoluent pas à l'intérieur d'une zone réglementée ou dangereuse, sauf avec l'accord du gestionnaire de la zone lorsque celui-ci est spécifié par l'information aéronautique.
3° Les dispositions relatives aux hauteurs minimales de survol prévues par l'arrêté du 11 décembre 2014 susvisé ne s'appliquent pas aux aéronefs qui circulent sans personne à bord. Toutefois, ceux-ci se conforment aux interdictions et restrictions de survol publiées par la voie de l'information aéronautique, notamment en ce qui concerne les établissements portant des marques distinctives d'interdiction de survol à basse altitude, sauf lorsque l'exploitant d'aéronef a reçu l'autorisation du gestionnaire de cet établissement.
4° L'aéronef qui circule sans personne à bord évolue hors du voisinage des infrastructures destinées à l'atterrissage ou au décollage selon les dispositions de l'annexe I et hors de l'emprise d'un aérodrome, sauf avec l'accord de l'organisme fournissant les services de la circulation aérienne sur l'aérodrome, à défaut, du prestataire du service d'information de vol de l'aérodrome, à défaut, de l'exploitant de l'aérodrome.
5° Les accords mentionnés aux 2° et 4° ci-dessus peuvent être subordonnés à l'établissement d'un protocole d'accord entre l'entité les délivrant et le responsable de l'activité définissant les conditions d'évolution de l'aéronef. L'établissement d'un protocole d'accord est obligatoire lorsque l'aéronef évolue hors vue.

Article 5 Activités d'aéromodélisme.

Les dispositions du présent article s'appliquent aux aéronefs qui circulent sans personne à bord évoluant dans le cadre d'activités d'aéromodélisme.

1° L'aéronef n'évolue pas au-dessus de l'espace public en agglomération, sauf en des lieux où le préfet territorialement compétent autorise la pratique d'activité d'aéromodélisme.

2° Les activités d'aéromodélisme pratiquées au sein d'une association requièrent l'établissement préalable d'une localisation d'activité. Celle-ci précise notamment la hauteur maximale applicable aux évolutions des aéronefs utilisés dans le cadre de l'activité concernée.

3° L'aéronef évolue à une hauteur inférieure à 150 mètres au-dessus de la surface ou à 50 mètres au-dessus d'un obstacle artificiel de plus de 100 mètres de hauteur.

4° A l'intérieur des portions d'espace aérien mentionnées au 1° de l'annexe II, l'aéronef évolue à une hauteur inférieure à 50 mètres au-dessus de la surface lorsque celles-ci sont actives au sens du 2° de cette même annexe.

5° Sans préjudice des dispositions du 4° de l'article 4, sont soumises à l'accord préalable de l'organisme fournissant le service de contrôle de la circulation aérienne :

i. Les évolutions des aéronefs à l'intérieur des espaces aériens contrôlés listés au 3° de l'annexe II, et ;

ii. Les évolutions des aéronefs à l'intérieur des espaces aériens contrôlés autres que ceux listés au 3° de l'annexe II à une hauteur supérieure ou égale à 50 mètres au-dessus de la surface.

Cet accord peut être subordonné à l'établissement d'un protocole d'accord entre l'organisme et le responsable de l'activité définissant les conditions d'évolution des aéronefs. L'établissement d'un protocole d'accord est obligatoire pour les évolutions à l'intérieur des espaces aériens contrôlés listés au 3° de l'annexe II.

6° Les dispositions fixées aux 3° à 5° ci-dessus ne s'appliquent pas lorsque l'aéronef évolue dans le cadre d'une activité pour laquelle une localisation a été établie.

Article 6 Dispositions générales relatives aux activités particulières et aux expérimentations.

Les dispositions du présent article s'appliquent aux aéronefs qui circulent sans personne à bord évoluant dans le cadre d'activités particulières ou d'expérimentations.
1° Les vols effectués en zone peuplée sont soumis à une déclaration préalable auprès du préfet territorialement compétent pouvant donner lieu à une interdiction ou une restriction de vol. La déclaration est effectuée par les exploitants avec un préavis de cinq jours ouvrables en utilisant le formulaire CERFA intitulé " Déclaration préalable au vol en zone peuplée d'un aéronef circulant sans personne à bord ", disponible auprès du ministre chargé de l'aviation civile (direction générale de l'aviation civile) sur le site www.developpement-durable.gouv.fr et publié sur le site service-public.fr.
2° Sont soumis à notification préalable :
i. Les vols des aéronefs évoluant hors vue, et ;
ii. Les vols des aéronefs évoluant en vue à une hauteur supérieure ou égale à 50 mètres au-dessus de la surface à l'intérieur des portions d'espace aérien mentionnées au 1° de l'annexe II lorsque celles-ci sont actives au sens du 2° de cette même annexe.
Les modalités de notification sont définies par décision conjointe du ministre chargé de l'aviation civile et du ministre de la défense. Elles sont portées à la connaissance des usagers par la voie de l'information aéronautique et sont publiées sur le site www.developpement-durable.gouv.fr.

Article 7 Evolutions en vue dans le cadre d'activités particulières.

Les dispositions du présent article s'appliquent aux aéronefs qui circulent sans personne à bord évoluant en vue dans le cadre d'une activité particulière.
1° Les activités permanentes, notamment celles ayant pour objet la formation des télépilotes, et toute activité nécessitant une hauteur de vol supérieure ou égale à 150 mètres au-dessus de la surface ou à 50 mètres au-dessus d'un obstacle artificiel de plus de 100 mètres de hauteur sont soumises à l'accord préalable des comités régionaux de gestion de l'espace aérien.
2° Sans préjudice des dispositions du 4° de l'article 4, sont soumises à l'accord préalable de l'organisme fournissant le service de contrôle de la circulation aérienne :
i. Les évolutions des aéronefs à l'intérieur des espaces aériens contrôlés listés au 3° de l'annexe II, et ;
ii. Les évolutions des aéronefs à l'intérieur des espaces aériens contrôlés autres que ceux listés au 3° de l'annexe II effectuées à une hauteur supérieure à 50 mètres au-dessus de la surface.
Cet accord peut être subordonné à l'établissement d'un protocole d'accord entre l'organisme et le responsable de l'activité définissant les conditions d'évolution des aéronefs.
L'établissement d'un protocole d'accord est obligatoire pour les évolutions à l'intérieur des espaces aériens contrôlés listés au 3° de l'annexe II.

Article 8 Evolutions hors vue dans le cadre d'activités particulières.

Les dispositions du présent article s'appliquent aux aéronefs qui circulent sans personne à bord évoluant hors vue dans le cadre d'une activité particulière.
1° L'aéronef évolue à une hauteur inférieure à 50 mètres au-dessus de la surface. Toutefois, cette limitation de hauteur est portée à 150 mètres au-dessus de la surface ou à 50 mètres au-dessus d'un obstacle artificiel de plus de 100 mètres de hauteur lorsque la masse de l'aéronef est inférieure à 2 kilogrammes.
2° Les dispositions du 1° ci-dessus ne s'appliquent pas lorsque l'aéronef évolue à l'intérieur d'une portion d'espace aérien mentionnée à l'annexe III selon des modalités permettant une ségrégation d'activité entre cet aéronef et les autres usagers aériens.
3° Sans préjudice des dispositions du 4° de l'article 4, les évolutions des aéronefs à l'intérieur des espaces aériens contrôlés sont soumises à l'accord préalable de l'organisme fournissant le service de contrôle de la circulation aérienne. Cet accord fait l'objet d'un protocole d'accord entre l'organisme et le responsable de l'activité définissant les conditions d'évolution des aéronefs.

Article 9 Expérimentations.

Les dispositions du présent article s'appliquent aux aéronefs qui circulent sans personne à bord évoluant dans le cadre d'une expérimentation.
1° L'aéronef évolue en vue à une hauteur inférieure à 150 mètres au-dessus de la surface ou hors vue selon les dispositions du 1° de l'article 8.

2° Les dispositions du 1° ci-dessus ne s'appliquent pas lorsque l'aéronef évolue à l'intérieur d'une portion d'espace aérien mentionnée à l'annexe III selon des modalités permettant une ségrégation d'activité entre cet aéronef et les autres usagers aériens.
3° Sans préjudice des dispositions du 4° de l'article 4, les évolutions des aéronefs à l'intérieur des espaces aériens contrôlés sont soumises à l'accord préalable de l'organisme fournissant le service de contrôle de la circulation aérienne. Cet accord peut être subordonné à l'établissement d'un protocole d'accord entre l'organisme et le responsable de l'activité définissant les conditions d'évolution des aéronefs. L'établissement d'un protocole d'accord est obligatoire lorsque l'aéronef évolue hors vue ou pour les évolutions à l'intérieur de l'un des espaces aériens contrôlés listés au 3° de l'annexe II.

Article 10 Dérogations.

Les dispositions du présent article s'appliquent sans préjudice des dispositions du 2° de l'article 3.
1° Les aéronefs qui circulent sans personne à bord appartenant à l'Etat, affrétés ou loués par lui et utilisés dans le cadre de missions de secours, de sauvetage, de douane, de police ou de sécurité civile peuvent évoluer en dérogation aux dispositions du présent arrêté lorsque les circonstances de la mission et les exigences de l'ordre et de la sécurité publics le justifient.
2° Les aéronefs qui circulent sans personne à bord utilisés dans le cadre de missions de secours, de sauvetage et de sécurité civile dirigées par le préfet territorialement compétent peuvent évoluer en dérogation aux dispositions du présent arrêté lorsque les circonstances de la mission le justifient.

3° Lorsque les évolutions prévues aux 1° et 2° ci-dessus s'effectuent à une hauteur supérieure à 150 mètres au-dessus de la surface ou à 50 mètres au-dessus d'un obstacle artificiel de plus de 100 mètres de hauteur, des mesures particulières sont mises en œuvre pour assurer leur compatibilité avec la circulation des autres aéronefs.
4° Des dérogations à l'interdiction d'évoluer de nuit ou aux exigences relatives aux hauteurs maximales d'évolution visées au 1° de l'article 8 et au 1° de l'article 9 peuvent être accordées par le préfet territorialement compétent, après avis du service de l'aviation civile et du service de la défense territorialement compétents, le cas échéant sous réserve de la mise en œuvre de mesures particulières permettant d'assurer la compatibilité de la circulation de l'aéronef circulant sans personne à bord avec tous les autres aéronefs.
5° Les mesures particulières mentionnées au paragraphe précédent sont mises en œuvres pour toute dérogation aux hauteurs maximales d'évolution permettant des évolutions à une hauteur supérieure à 150 mètres.

2./Arrêté du 17 décembre 2015 relatif à la conception des aéronefs civils qui circulent sans personne à bord, aux conditions de leur emploi et aux capacités requises des personnes qui les utilisent

Article 1 Objet.

Le présent arrêté fixe les dispositions qui s'appliquent à la conception des aéronefs civils qui circulent sans personne à bord dans les limites du territoire de la République française au sens de l'article 2 de la convention relative à l'aviation civile internationale susvisée, aux conditions de leur emploi et aux capacités requises des personnes qui les utilisent.
Cet arrêté ne s'applique pas :
- aux ballons libres ;
- aux ballons captifs utilisés à une hauteur inférieure à 50 mètres avec une charge utile d'une masse inférieure ou égale à 1 kilogramme ;
- aux fusées ;
- aux cerfs-volants ;
- aux aéronefs utilisés à l'intérieur d'espaces clos et couverts.

Article 2 Définitions.
Pour l'application du présent arrêté, les définitions contenues dans l'arrêté du 17 décembre 2015 susvisé s'appliquent et les termes ci-dessous sont employés avec les acceptions suivantes :

1) Aéronef télépiloté : aéronef qui circule sans personne à bord sous le contrôle d'un télépilote.

2) Télépilote : personne contrôlant les évolutions d'un aéronef télépiloté, soit manuellement soit, lorsque l'aéronef évolue de manière automatique, en surveillant la trajectoire et en restant en mesure à tout instant d'intervenir sur cette trajectoire pour assurer la sécurité.

3) Manuel, automatique, autonome :

- un aéronef télépiloté évolue sous contrôle « manuel » lorsque sa trajectoire résulte à tout instant de commandes d'un télépilote transmises en temps réel ;
- un aéronef télépiloté évolue de manière « automatique » lorsque son évolution en vol a été programmée avant ou pendant le vol et que le vol s'effectue sans intervention d'un télépilote ;
- un aéronef évolue de manière « autonome » lorsqu'il évolue de manière automatique et qu'aucun télépilote n'est en mesure d'intervenir sur sa trajectoire. Cette définition ne s'applique pas aux phases de vol d'un aéronef télépiloté pendant lesquelles le télépilote perd sa capacité d'intervenir sur la trajectoire de l'aéronef suite à l'application de procédures d'urgence ou à la perte de la liaison de commande et de contrôle.

Ces définitions s'appliquent pour tout ou partie d'un vol.

4) Captif : un aéronef est dit « captif » s'il est relié par tout moyen physique :
- au sol ou à une structure fixe ; ou

- à un mobile ou à son télépilote, ne pouvant être soulevé ou déplacé par réaction de l'accroche de l'aéronef captif.

5) Aérostat : aéronef dont la sustentation en vol est principalement due à sa flottabilité dans l'air. Cette définition comprend les ballons et les dirigeables.

6) Aérodyne : aéronef dont la sustentation en vol est obtenue principalement par des forces aérodynamiques s'appliquant soit sur une ou plusieurs voilures fixes, rigides ou souples, soit sur une ou plusieurs voilures tournantes. Cette définition comprend les planeurs, les motoplaneurs, les avions, les paramoteurs, les aéronefs à voilure tournante, les combinés et les convertibles.

7) Masse d'un aéronef : masse totale de l'aéronef, charge utile comprise. La masse de l'aéronef ne comprend pas :
- pour les aérostats, la masse du gaz porteur ;
- pour les aéronefs captifs, la masse du moyen de retenue.

8) Zone peuplée : un aéronef est dit évoluer en « zone peuplée » lorsqu'il évolue :
- au sein ou à une distance horizontale inférieure à 50 mètres d'une agglomération figurant sur les cartes aéronautiques en vigueur diffusées par le service d'information aéronautique à l'échelle 1/500 000 ou, à défaut, à l'échelle 1/250 000, ou ;
- à une distance horizontale inférieure à 150 mètres d'un rassemblement de personnes, sauf précision contraire au sein du présent arrêté.

Article 3 Classification des activités.

Les activités réalisées avec les aéronefs qui circulent sans personne à bord sont classées comme suit :

1. Aéromodélisme : utilisation à des fins de loisir ou de compétition :
- d'un aéronef télépiloté en vue de son télépilote ; ou
- d'un aéronef télépiloté de masse inférieure ou égale à 2 kg, évoluant hors vue de son télépilote, à une distance horizontale maximale de 200 mètres de ce télépilote et à une hauteur maximale de 50 mètres, en présence d'une seconde personne en vue de cet aéronef et chargée de veiller à la sécurité du vol en informant le télépilote de dangers éventuels ; ou
- d'un aéronef non télépiloté de masse inférieure à 1 kilogramme qui, une fois lancé, vole de manière autonome en suivant les mouvements de l'atmosphère et dont le vol ne dure pas plus de 8 minutes.

Lorsqu'il est utilisé en aéromodélisme, un aéronef qui circule sans personne à bord est dit « aéromodèle ».La prise de vues aériennes est possible en aéromodélisme au cours d'un vol dont l'objectif reste le loisir ou la compétition et lorsque les vues réalisées ne sont pas exploitées à titre commercial.
Les vols réalisés dans le cadre de l'expérimentation d'un aéromodèle ou de la formation de son télépilote sont considérés, pour la définition des conditions applicables, comme relevant de l'aéromodélisme.
2. Expérimentation : utilisation d'un aéronef autre qu'un aéromodèle à des fins d'essais ou de contrôle.
Les vols de démonstration réalisés avec des aéronefs en cours d'expérimentation sont considérés, pour la définition des conditions applicables, comme relevant de l'activité

d'expérimentation.
3. Activité particulière : utilisation autre que celles visées aux paragraphes 1 et 2 ci-dessus, que cette utilisation ait lieu dans le cadre d'une transaction commerciale ou non.

Article 4 Conditions applicables.

1) Dans le cas où plusieurs personnes sont susceptibles d'agir sur le système de commande de l'aéronef, l'une de ces personnes remplit la fonction de télépilote et à ce titre est chargée d'assurer la sécurité du vol. Dans ce cas :
- c'est par rapport à ce télépilote que s'apprécie le respect des conditions associées à un vol « en vue »;
- ce télépilote dispose de sa propre commande ou, à défaut, est en mesure à tout instant et dans des conditions permettant de maintenir la sécurité du vol d'accéder au système de commande de l'aéronef;
- les autres personnes peuvent alors ne pas être considérées comme télépilote.

2) Sans préjudice des dispositions liées à l'utilisation de l'espace aérien :
- l'annexe I du présent arrêté définit les conditions applicables aux aéromodèles et aux personnes qui les mettent en œuvre ;
- l'annexe II du présent arrêté définit les conditions applicables aux aéronefs utilisés lors d'activités d'expérimentation et aux personnes qui les mettent en œuvre ;
- l'annexe III du présent arrêté définit les conditions applicables aux aéronefs utilisés lors d'activités particulières et aux personnes qui les mettent en œuvre.

Article 5 Contrôles.

1) Le ministre chargé de l'aviation civile peut faire effectuer, par des personnes ou organismes habilités à cet effet, les vérifications et la surveillance qu'il juge nécessaires pour s'assurer qu'un aéronef qui circule sans personne à bord et les personnes qui le mettent en œuvre répondent aux dispositions du présent arrêté.
2) Lors de toute mise en œuvre d'un aéronef qui circule sans personne à bord, une copie de toutes les autorisations requises par le présent arrêté, ainsi que de tout autre document dont les annexes au présent arrêté prévoient la présentation, sont fournis sans délai lors de toute demande d'une autorité. Ces documents peuvent être présentés sous format numérique.

Article 6 Limitation ou interdiction d'opérations.

Le ministre chargé de l'aviation civile peut interdire ou limiter l'utilisation d'un aéronef qui circule sans personne à bord, d'un type d'aéronef ou l'activité d'un exploitant, s'il a connaissance de problème de sécurité pour les personnes ou en cas de non-respect des conditions du présent arrêté par un exploitant ou un télépilote.
Une telle limitation ou interdiction est réalisée au moyen d'une consigne opérationnelle, d'une consigne de navigabilité ou par suspension ou retrait des autorisations, attestations et accusés de réception délivrés par le ministre chargé de l'aviation civile.
Dans un tel cas, l'activité ne peut reprendre que si des mesures correctives assurant la sécurité des personnes et le respect des dispositions du présent arrêté sont appliquées

dans les conditions fixées par le ministre chargé de l'aviation civile pour leur mise en œuvre.

Article 7 Autorisations spécifiques.

Le ministre chargé de l'aviation civile peut accorder une autorisation spécifique permettant la réalisation d'une activité pour laquelle l'une au moins des conditions des annexes au présent arrêté ne serait pas respectée, sous réserve que le maintien d'un niveau de sécurité acceptable pour les personnes au sol ou à bord d'autres aéronefs et, le cas échéant, la conformité aux conditions techniques complémentaires notifiées par le ministre chargé de l'aviation civile aient été démontrés.

Article 8 Dérogations

•

Les aéronefs qui circulent sans personne à bord utilisés pour le compte de l'Etat dans le cadre de missions de secours, de sauvetage, de douane, de police ou de sécurité civile, peuvent évoluer en dérogation aux dispositions du présent arrêté lorsque les circonstances de la mission et les exigences de l'ordre et de la sécurité publics le justifient.

Article 9 Respect de la vie privée.

Les dispositions de cet arrêté s'appliquent sans préjudice de celles liées à la protection des données personnelles et à la vie privée des individus, notamment celles prévues par la loi n° 78-17 du 6 janvier 1978 susvisée.

3/Décret n° 2018-374 du 18 mai 2018 relatif aux seuils de masse prévus par la loi n° 2016-1428 du 24 octobre 2016 relative au renforcement de la sécurité de l'usage des drones civils

Publics concernés : constructeurs, propriétaires et télépilotes d'aéronefs civils circulant sans personne à bord.

Objet : détermination du seuil de masse au-delà duquel les obligations du II de l'article L. 6111-1, de l'article L. 6214-2, de l'article L. 6214-4 et de l'article L. 6214-5 du code des transports s'appliquent.

Entrée en vigueur : le texte entre en vigueur le lendemain de sa publication.

Notice : le II de l'article L. 6111-1 et les articles L. 6214-2, L. 6214-4 et L. 6214-5 du code des transports, introduits par la loi n° 2016-1428 du 24 octobre 2016 relative au renforcement de la sécurité de l'usage des drones civils, fixent des obligations d'enregistrement par voie électronique et d'équipement des aéronefs civils circulant sans personne à bord si leur masse est supérieure ou égale à un seuil fixé par décret, ainsi qu'une obligation de formation des télépilotes utilisant à des fins de loisir ces mêmes aéronefs. Le décret fixe le seuil pour l'ensemble de ces obligations à 800 grammes.

Références : le décret, pris pour l'application des articles L. 6111-1, L. 6214-2, L. 6214-4 et L. 6214-5 du code des transports, peut être consulté sur le site Légifrance (http://legifrance.gouv.fr).

(…)

« Article 1

Au titre Ier du livre Ier du code de l'aviation civile (partie réglementaire-décrets simples), il est inséré un chapitre unique ainsi rédigé :

« Art. D. 111-1.-Les seuils prévus au II de l'article L. 6111-1 et aux articles L. 6214-2, L. 6214-4 et L. 6214-5 du code des transports sont fixés à 800 grammes. »

4./Code des transports

Article L6131-2

L'exploitant d'un aéronef est responsable de plein droit des dommages causés par les évolutions de l'aéronef ou les objets qui s'en détachent aux personnes et aux biens à la surface.
La responsabilité de l'exploitant ne peut être atténuée ou écartée que par la preuve de la faute de la victime.

Article L6232-12

Est puni de six mois d'emprisonnement et de 15 000 € d'amende le fait pour un télépilote de faire survoler, par maladresse ou négligence, par un aéronef circulant sans personne à bord, une zone du territoire français en violation d'une interdiction prononcée dans les conditions prévues au premier alinéa de l'article L. 6211-4.

Est puni d'un an d'emprisonnement et de 45 000 € d'amende le fait pour un télépilote
1° D'engager ou de maintenir un aéronef circulant sans personne à bord au-dessus d'une zone mentionnée au premier alinéa du présent article ;
2° De ne pas se conformer aux prescriptions de l'article L. 6211-4.

Article L6232-13

Le télépilote reconnu coupable d'une des infractions prévues à l'article L. 6232-12 du présent code ou de l'infraction prévue à l'article 223-1 du code pénal encourt également la peine complémentaire de confiscation de l'aéronef circulant sans personne à bord qui a servi à commettre l'infraction.

5./Code de l'aviation civile

Article D133-10

Est interdite la prise de vue aérienne par appareil photographique, cinématographique ou par tout autre capteur des zones dont la liste est fixée par arrêté interministériel.

Des dérogations à ce principe peuvent être accordées pour une zone figurant sur ladite liste par le ou les ministres de tutelle de cette zone.

La liste des zones interdites à la prise de vue aérienne est déposée dans les préfectures, les directions régionale de l'aviation civile, les districts aéronautiques ou, pour les territoires d'outre-mer, dans les bureaux des délégués du Gouvernement et les services de l'aviation civile. Il appartient au pilote et à son employeur éventuel de s'assurer, auprès des organismes précités, de la possibilité d'effectuer librement des prises de vues aériennes.

Sont assujetties à la possession d'une autorisation les personnes utilisant tout appareil d'enregistrement d'images ou de données en dehors du spectre visible tel que thermographe, radar, etc.

Les autorisations prévues au présent article sont délivrées par le représentant de l'Etat dans le département ou le délégué du Gouvernement dans le territoire où l'utilisateur est domicilié et par le préfet de police pour les personnes résidant à Paris après avis conforme du commandant de groupement de gendarmerie du département, du territoire ou de Paris et du directeur régional chef de secteur de la police de l'air et des frontières.

Toute personne qui souhaite réaliser des enregistrements d'images ou de données dans le champ du spectre visible au-dessus du territoire national est tenue de souscrire une déclaration au plus tard quinze jours avant la date ou le début de période prévue pour l'opération envisagée auprès du chef du service territorial de l'aviation civile dont relève son domicile. Pour les personnes résidant à l'étranger, la déclaration est faite auprès du chef du service territorial de l'aviation civile compétent pour Paris.

Lorsque l'autorité administrative constate que la déclaration souscrite est incomplète, elle en informe l'auteur de la demande.

La déclaration précise l'identité du demandeur ainsi que celle du bénéficiaire de l'opération envisagée.

Un arrêté du ministre de l'intérieur, du ministre de la défense et du ministre chargé des transports fixe les mentions qui doivent figurer dans la déclaration, les pièces qui doivent être jointes et la forme dans laquelle elle est souscrite.

Est dispensée de la déclaration mentionnée au septième alinéa la prise de vues photographiques ou cinématographiques effectuée à titre occasionnel et à finalité de loisirs par un passager, au cours d'un vol dont l'objet n'est pas la prise de vues.

Pour les personnes résidant à l'étranger, les autorisations sont délivrées par le préfet de police après avis conforme du ministre des affaires étrangères et du commandant de groupement de gendarmerie de Paris.

6./Code Pénal

Article 223-1

Le fait d'exposer directement autrui à un risque immédiat de mort ou de blessures de nature à entraîner une mutilation ou une infirmité permanente par la violation manifestement délibérée d'une obligation particulière de prudence ou de sécurité imposée par la loi ou le règlement est puni d'un an d'emprisonnement et de 15 000 euros d'amende.

Article 226-1

Est puni d'un an d'emprisonnement et de 45 000 euros d'amende le fait, au moyen d'un procédé quelconque, volontairement de porter atteinte à l'intimité de la vie privée d'autrui :

1° En captant, enregistrant ou transmettant, sans le consentement de leur auteur, des paroles prononcées à titre privé ou confidentiel ;

2° En fixant, enregistrant ou transmettant, sans le consentement de celle-ci, l'image d'une personne se trouvant dans un lieu privé.

Lorsque les actes mentionnés au présent article ont été accomplis au vu et au su des intéressés sans qu'ils s'y soient opposés, alors qu'ils étaient en mesure de le faire, le consentement de ceux-ci est présumé.

7/Code Civil

Article 1242

On est responsable non seulement du dommage que l'on cause par son propre fait, mais encore de celui qui est causé par le fait des personnes dont on doit répondre, ou des choses que l'on a sous sa garde.

Toutefois, celui qui détient, à un titre quelconque, tout ou partie de l'immeuble ou des biens mobiliers dans lesquels un incendie a pris naissance ne sera responsable, vis-à-vis des tiers, des dommages causés par cet incendie que s'il est prouvé qu'il doit être attribué à sa faute ou à la faute des personnes dont il est responsable.

Cette disposition ne s'applique pas aux rapports entre propriétaires et locataires, qui demeurent régis par les articles 1733 et 1734 du code civil.

Le père et la mère, en tant qu'ils exercent l'autorité parentale, sont solidairement responsables du dommage causé par leurs enfants mineurs habitant avec eux.

Les maîtres et les commettants, du dommage causé par leurs domestiques et préposés dans les fonctions auxquelles ils les ont employés ;

Les instituteurs et les artisans, du dommage causé par leurs élèves et apprentis pendant le temps qu'ils sont sous leur surveillance.

La responsabilité ci-dessus a lieu, à moins que les père et mère et les artisans ne prouvent qu'ils n'ont pu empêcher le fait qui donne lieu à cette responsabilité.

En ce qui concerne les instituteurs, les fautes, imprudences ou négligences invoquées contre eux comme ayant causé le fait dommageable, devront être prouvées, conformément au droit commun, par le demandeur, à l'instance.

BIBLIOGRAPHIE

Traité de droit et d'éthique de la robotique civile, Nathalie Nevejans, LEH Edition 2017
Les robots, Objets scientifiques Objets de droits, sous la direction d'Alexandra Bensamoun, mare & martin 2016

Les conséquences de l'usage civil des drones sur la protection de la vie privée et des données à caractère personnel, Parlement Européen, Département droits des citoyens et affaires constitutionnelles, 2015
Règles européennes de droit civil en robotique, étude pour la Commission JURI, Parlement Européen, 2016
Résolution du Parlement Européen du 16 février 2017 contenant des recommandations à la Commission concernant des règles de droit civil sur la robotique http://www.europarl.europa.eu/sides/getDoc.do?pubRef=-//EP//NONSGML+TA+P8-TA-2017-0051+0+DOC+PDF+V0//FR

Une nouvelle catégorie d'OVNI juridique : les drones, Robert Hanicotte, La Gazette du Palais n°317, 2014
La sécurité de l'usage des drones civils aériens, Adrien Basdevant, Lamy Droit de l'immatériel n°131, 2016
Quel horizon juridique pour les drones civils ? La Gazette du Palais n°23, 2016
Dossier spécial : voiture connectée et voiture autonome, Lamy Droit de l'immatériel n°133, 2017
L'amendement à la Convention de Vienne : un pas de plus vers l'introduction des véhicules à conduite déléguée, Iolande Vingiano, Revue générale du droit des assurances n°5, 2016

Véhicule autonome et responsabilité pénale, Murielle Bénéjat-Guerlin, Recueil Dalloz 2016
Dossier : robots, intelligence artificielle et droit, Dalooz IP/IT n°6, 2016
Les robots sont-ils nos ennemis ? Delphine Iweins, La Gazette du Palais n°24, 2016
Du robot en droit à un droit des robots, Grégoire Loiseau et Matthieu Bourgeois, La semaine juridique édition générale, n°48, 2014
Du robot en droit de la responsabilité civile : à propos des dommages causés par les choses intelligentes, Cédric Coulon, Responsabilité civile et assurances n°4, 2016
Responsabilité contractuelle, vers un droit civil des robots, Xavier Delpech, AJ Contrat, 2017
Mady Delvaux, pour un droit européen des robots, Expertises mars 2017
Intelligence artificielle, Ne bridons pas l'innovation ! Expertises juin 2017
Intelligence artificielle : faut-il légiférer ? Alexandra Bensamoun et Grégoire Loiseau, Recueil Dalloz 2017
L'intégration de l'intelligence artificielle dans l'ordre juridique en droit commun : questions de temps, Alexandra Bensamoun et Grégoire Loiseau, Dalloz IP/IT 2017
Confier le droit à l'intelligence artificielle, le droit dans le mur ? Stéphane Larrière, Lamy Droit de l'immatériel, 2017
Objets connectés, drones, robots : à nouveaux objets, nouvelles responsabilités ? Gaëlle Marraud des Grottes, 2017
L'intégration de l'intelligence artificielle dans certains droits spéciaux, Alexandra Bensamoun et Grégoire Loiseau, Dalloz IP/IT, 2017
L'innovation technologique dans le droit : vers une révolution des pratiques ? Marie Bernard, Petites affiches n°187, 2016

Les juges doivent-ils craindre l'arrivée de l'intelligence artificielle ? Marc Clément, Recueil Dalloz 2017
Des objets connectés aux objets autonomes : quelles libertés dans un monde robotisé ? Rapport d'activité CNIL 2015

Digitalisation & robotisation : réinventer les métiers ? Adecco, septembre 2016
Droit de la robotique Livre blanc, SYMOP
Des robots et des hommes, pour une vision confiante de la logistique 2025, Roland Berger, 2016
The Case for a Federal Robotics Commission, Brookings, 2014
Where machines could replace humans – and where they can't (yet), McKinsey&Company, 2016
Intelligence artificielle : un potentiel de 15 700 milliards de dollars de gains pour l'économie mondiale d'ici 2030, PWC 2017
Artificial intelligence and life in 2030, Stanford University, 2016
Learning to trust artificial intelligence systems, IBM 2016
L'effet de l'automatisation sur l'emploi : ce qu'on sait et ce qu'on ignore, France stratégie 2016
Pourquoi il ne faut pas avoir peur de l'Intelligence Artificielle, Deloitte 2017
Bot.Me : a revolutionary partnership, PWC 2017
Intelligence artificielle : les défis actuels et l'action d'Inria, INRIA

Comment profiter du nouveau monde, Le point n°2323, 2017
L'invité Yann LeCun, Télérama n°3458, 2016
Elon Musk's billion-dollar crusade to stop the AI apocalypse, Vanity Fair, 2017

Rapport Cédric VILLANI, Donner un sens à l'intelligence artificielle, pour une stratégie nationale et européenne, 28 mars 2018

OpinionWay, Les Français et leurs attentes vis-à-vis des robots, Fréderic MICHEAU, décembre 2017

FRANCEIA. Rapport de synthèse – France INTELLIGENCE ARTIFICIELLE, Ministère de l'économie et des finances; Secrétariat d'Etat à l'enseignement supérieur et à la recherche; Mars 2017

« Cinq ans pour sauver la justice ! », Rapport d'information n° 495 (2016-2017) de M. Philippe BAS, Mme Esther BENBASSA, MM. Jacques BIGOT, François-Noël BUFFET, Mme Cécile CUKIERMAN, MM. Jacques MÉZARD et François ZOCCHETTO, fait au nom de la commission des lois, déposé le 4 avril 2017. (P117)

Antoine GARAPON, le numérique est un remède à la lenteur de la justice, Dalloz actualité, édition du 27 juillet 2018.

Rapport Final, Etude des impacts de la voiture autonomesur le design du grand paris, CVT ATHENA, Mai 2017

Rapport au Président de la République relatif à l'ordonnance n°2016-1057 du 3 août 2016 relative à l'expérimentation de véhicules à délégation de conduite sur les voies publiques

Projet de loi n°1088 relatif à la croissance et à la transformation des entreprises enregistrée à la Présidence de l'Assemblée Nationale, présenté au nom de Monsieur Edouard PHILIPPE, premier ministre et par Monsieur Bruno Le Maire, ministre de l'économie et des finances, Juin 2018

Rapport sur le développement des véhicules autonomes, Orientations stratégiques pour l'action publique, Mai 2018

CNIL, Pack de conformité « Véhicules connectés et données personnelles», édition octobre 2017.

www.cnil.fr
www.developpement-durable.gouv.fr
www.federation-drone.org
www.humanoides.fr
www.lesechos.fr
www.lemonde.fr
www.nextinpact.com
www.numerama.com
www.sciencesetavenir.fr
www.senat.fr
www.technologyreview.com
www.usine-digitale.fr
http://www.robotics-openletter.eu/

ABREVIATIONS

A.J.D.A. Actualité juridique de Droit administratif
Al. Alinéa
Ann. Propr. Indus. Annales de la propriété industrielle
Arg. Argument
Arr. Arrêté
Art. Article
Ass. Plén Assemblée plénière.
Bull. Civ. Bulletin des chambres civiles de la Cour de Cassation
CA Cour d'Appel
CCiv Code civil
C.E. Conseil d'Etat
CERNA Commission de Réflexion sur l'Ethique de la Recherche en sciences et technologies du Numérique d'Alliste
CESE Comité Economique et Social Européen
Cf. *confer* (se reporter à)
Ch. Chambre
Chron. Chronique
Circ. Circulaire
CJCE Cour de Justice des Communautés Européennes (jusqu'au 31 décembre 2009)
CJUE Cour de Justice de l'Union Européenne (depuis le 1er janvier 2010)
C.N.I.L. Commission Nationale de l'Informatique et des Libertés
C.O.J. Code de l'organisation judiciaire
Concl. Conclusions
CPC Code de procédure civile
CPD Commission pour la protection des droits
CPI Code de la propriété industrielle
DGAC Direction Générale de l'Aviation Civile
DSAC Direction de la Sécurité de l'Aviation Civile

HADOPI Haute autorité pour la diffusion des œuvres et la protection des droits sur internet

I.A. Intelligence Artificielle

In. Dans

Infra. Ci-dessous

I.N.P.I. Institut National de la Propriété industrielle

J. jurisprudence

JCP E JurisClasseur périodique (La semaine Juridique) édition entreprise

JCP G JurisClasseur périodique (La semaine Juridique) édition générale

L. Loi

NHTSA National Highway Traffic Safety Administration

NTIC Nouvelles technologies de l'information et de la communication

Obs. Observations

OCDE Organisation de Coopération et de Développement Economiques

OMPI Organisation Mondiale de la Propriété Industrielle

OPECST Office Parlementaire d'Evaluation des Choix Scientifiques et Technologiques

Préc. Précité

s. et suivants

Supra. Ci-dessus

T.G.I. Tribunal de Grande Instance

INDEX

A

B

C

D

E

F

G

H

I

J

K

L

M

DROIT
AUX ÉDITIONS L'HARMATTAN

Dernières parutions

L'EXPLOITANT DE BANQUE ET LE DROIT AU TCHAD
Thomas Dingamgoto
De toutes les activités entrepreneuriales, le secteur bancaire est de celles qui font l'objet d'un encadrement législatif scrupuleux et d'une veille règlementaire permanente. Si l'histoire du droit bancaire tchadien est étroitement liée à celle du droit bancaire français, les textes législatifs et règlementaires des activités bancaires au Tchad ont connu des évolutions internes notables. Pour l'exploitant de banque comme pour l'ensemble des acteurs de la chaîne économique et financière, ces mutations rendent indispensables l'appropriation de ces normes nouvelles.
(Coll. Études Eurafricaines, 674 p., 49 euros)
ISBN : 978-2-343-16034-4, EAN EBOOK : 9782140104879

L'ÉGALITÉ DE L'HOMME ET DE LA FEMME DANS LE MARIAGE
Etude comparée des droits du Bénin, du Burkina Faso et du Mali
Aïssata DABO
Des États africains ont rénové leurs législations sur le mariage dans l'idée de les conformer au dispositif juridique international, qui place désormais l'égalité homme-femme au centre des débats. Toutefois, l'objectif est largement dévié par le pluralisme juridique qui demeure, en droit et en fait, un frein pour l'indifférenciation des droits des sexes. Cet ouvrage se propose de rechercher la mesure de l'égalité, en matière de mariage, réellement promue par les droits béninois, burkinabè et malien.
(Coll. Études africaines, 614 p., 49 euros)
ISBN : 978-2-343-15377-3, EAN EBOOK : 9782140105197

LA NATIONALITÉ ET L'APATRIDIE EN AFRIQUE
Charles Lasserre Yakite
Le droit à la nationalité est un droit humain fondamental reconnu par le droit international. Les apatrides ne peuvent se prévaloir de la protection de la nationalité et sont donc vulnérables à la privation de leurs droits. Les États africains doivent élaborer des cadres législatifs et mettre en place des politiques nationales pour lutter contre l'apatridie. Cet ouvrage vise à faire des recommandations à l'Union africaine et aux organisations internationales intéressées pour résoudre l'épineux problème de nationalité et de l'apatridie.
(Coll. Études africaines, 156 p., 17 euros)
ISBN : 978-2-343-15353-7, EAN EBOOK : 9782140104725

LE CONTENTIEUX DE L'ANNULATION AU CONGO

Lovane Lhakhy-Tsamby

Dans ce livre, l'auteur examine la question relative au contentieux de l'annulation, au Congo. Lorsqu'un acte administratif est entaché d'illégalité, il est susceptible d'annulation. Au Congo, l'annulation d'un acte administratif illégal relève de la compétence exclusive de la chambre administrative de la Cour suprême. La Cour constitutionnelle est exceptionnellement compétente pour annuler un acte administratif entaché d'illégalité lorsqu'il est pris dans le domaine électoral. Elle n'est pas juge de la légalité des actes administratifs au même titre que le juge administratif ordinaire.

(Coll. Harmattan Congo-Brazzaville, 120 p., 14 euros)

ISBN : 978-2-343-15430-5, EAN EBOOK : 9782140104305

PROTECTION DE LA QUALITÉ DES EAUX DOUCES AU CANADA ET DANS L'UNION EUROPÉENNE

Le partage des compétences

Claire Joachim

Cet ouvrage analyse l'organisation des rapports entre les ordres juridiques par le droit constitutionnel canadien et le droit de l'Union européenne. Cette étude est innovante car : la grille d'analyse du droit constitutionnel canadien a été appliquée à l'Union européenne. Ce qui met en évidence des mécanismes similaires dans le partage des compétences. Le domaine de la protection de la qualité des eaux douces a été choisi pour révéler les enjeux de ces relations dans une perspective globale. Ce travail fait ressortir que l'intégration européenne est accentuée par une centralisation des compétences. Ainsi, la sphère du pouvoir des états membres se vide progressivement de sa substance. Le droit entrerait donc en mutation à l'aune de la protection de l'environnement.

(Coll. Le Droit aujourd'hui, 546 p., 49 euros)

ISBN : 978-2-343-10974-9, EAN EBOOK : 9782140104541

LE BIEN-ÊTRE ANIMAL : DE LA SCIENCE AU DROIT

Sous la direction de Sophie Hild et Louis Schweitzer

Chercheurs, experts, membres de la Commission européenne ou du ministère de l'Agriculture se sont succédé pour répondre à plusieurs questions du plus haut intérêt : quelle définition scientifique donner au bien-être de l'animal ? Sur quels critères l'évaluer ? Quels droits nationaux ou internationaux le prennent-ils en compte ? Quels animaux sont concernés ? Quels obstacles s'opposent au souci d'assurer le bien-être animal ? Les réponses données conforteront les démarches à conduire en faveur de dispositions réglementaires nouvelles.

(Coll. Colloques et rencontres, 364 p., 37 euros)

ISBN : 978-2-343-15918-8, EAN EBOOK : 9782140104329

DROITS FONCIERS DES FEMMES ET DES CADETS SOCIAUX EN CÔTE D'IVOIRE

Cellule de Suivi et d'Analyse de la Mise en Oeuvre de la Loi sur le Foncier Rural

Le séminaire-atelier "Sécurisation des droits fonciers des femmes et cadets sociaux en milieu rural" tenu à Grand-Bassam en 2017 avait pour objectif d'identifier les dispositions, existantes ou à adopter, pour améliorer la sécurisation des droits fonciers des femmes et des cadets sociaux en milieu rural. Comment comprendre la nature des obstacles qui y nuisent, identifier et clarifier les dispositions qui existent dans le cadre juridique et institutionnel de la Côte d'ivoire ? les services centraux et décentralisés de l'Administration, Chambre des Chefs et Rois Traditionnels de Côte d'Ivoire, partenaires internationaux de développement, organisations professionnelles agricoles, notaires, juristes, géomètres, chercheurs, ONG, presse etc, tous sont concernés par cette problématique.

(Coll. Harmattan Côte-d'Ivoire, 192 p., 22 euros)

ISBN : 978-2-343-15394-0, EAN EBOOK : 9782140103728

L'UNIVERS CARCÉRAL, LA MÈRE DÉTENUE ET SON ENFANT

Elaine Mangin

Sur les 80 893 personnes écrouées en France au 1er février 2018, on dénombre 3103 femmes. 2482 sont détenues au sein d'un établissement pénitentiaire, exécutant une peine privative de liberté. Parmi elles, des mères de famille qui ont souvent la charge exclusive des enfants restés en milieu libre, mais aussi des femmes incarcérées avec leur bébé. Mais les efforts du droit positif et de la pratique pénitentiaire pour leur assurer le respect de la vie familiale et veiller au maintien d'un lien mère-enfant sain, des difficultés juridiques et psychologiques subsistent.

(Coll. Bibliothèques de droit, 158 p., 17,5 euros)

ISBN : 978-2-343-15834-1, EAN EBOOK : 9782140103681

CONSTITUTIONNALISME ET MÉTISSAGE CULTUREL AU-DELÀ DES DROITS DE L'HOMME

Salvatore Bonfiglio

Les sociétés multiculturelles demandent une réinterprétation des principes constitutionnels, capable de favoriser la cohésion sociale, notamment par l'extension des droits fondamentaux aux « non-citoyens ». Il s'agit de reconnaître à l'individu en tant que tel un statut de droits fondamentaux, pour affirmer ainsi le caractère à la fois moral et juridique de la dignité de la personne.

(Coll. Harmattan Italia, 208 p., 26 euros)

ISBN : 978-2-336-31233-0, EAN EBOOK : 9782140103193

LA PROCÉDURE

Sous la direction de Joanna Genovese et Giovanna Debernardi

La procédure est souvent perçue par les parties comme une source de difficultés supplémentaires dans la résolution d'un conflit. Elle est en réalité protectrice des droits des individus. Il n'existe pas qu'une procédure mais une pluralité. Il est question de procédure civile, de procédure collective, de procédure pénale... La procédure s'adapte en fonction des contraintes et besoins tant par la dématérialisation que la déjudiciarisation.

(Coll. Droit privé et sciences criminelles, 138 p., 16,5 euros)

ISBN : 978-2-343-15460-2, EAN EBOOK : 9782140102769

LE RECOURS AUX MODES ALTERNATIFS DE RÈGLEMENT DES LITIGES EN MATIÈRE DE PROPRIÉTÉ INTELLECTUELLE

Jean Tankeu

Préface de Joseph Fometeu

La mondialisation et le développement des échanges économiques posent de nouveaux défis en matière d'application des droits de propriété intellectuelle. Plus le commerce et les affaires s'intensifient au niveau international, plus la question des effets des droits de propriété intellectuelle et de leur application au-delà des frontières nationales devient pertinente. D'où le développement du contentieux non juridictionnel international de la propriété intellectuelle auquel l'auteur consacre cet ouvrage.

(326 p., 33 euros)

ISBN : 978-2-343-15648-4, EAN EBOOK : 9782140102653

MÉTHODOLOGIES DE LA SÉCURITÉ URBAINE

François Dieu, Bruno Domingo

Quelles sont les méthodologies de la sécurité urbaine ? Comment réaliser un diagnostic local de sécurité ? Quelles sont les précautions à prendre avec les chiffres de la délinquance ? Comment mesurer le sentiment d'insécurité et la victimisation ? Quelles sont les modalités de diffusion de l'information au sein des dispositifs de prévention ? Comment mettre en place un observatoire local de la délinquance ? En bref, comment impulser une réflexion objective et un partenariat dynamique pour une politique de sécurité efficace ?

(Coll. République et sécurité, 276 p., 28,5 euros)

ISBN : 978-2-343-15718-4, EAN EBOOK : 9782140102295

DROIT DES ENTREPRISES INDIVIDUELLES

Commerçant / Entreprenant / Bail à usage professionnel / Fonds de commerce / Vente commerciale / Commerce électronique

Cheikh Abdou Wakhab Ndiaye

L'entreprise est une notion moderne et polysémique qui n'a fait son apparition que très récemment dans le droit sénégalais. L'entreprise individuelle concerne le commerçant, personne physique, et l'entreprenant. Son droit est un véritable droit du développement. Il matérialise une volonté de promouvoir l'initiative privée par, d'une part, la facilitation des conditions d'accès au monde des affaires et, d'autre part, la mise en place d'un climat favorables aux investissements. Il est ainsi un creuset où les droits OHADA, UEMOA et sénégalais sont conjugués pour la réalisation de cette ambition.

(Coll. Harmattan Sénégal, 404 p., 40 euros)

ISBN : 978-2-343-15882-2, EAN EBOOK : 9782140102196

Structures éditoriales du groupe L'Harmattan

L'Harmattan Italie
Via degli Artisti, 15
10124 Torino
harmattan.italia@gmail.com

L'Harmattan Hongrie
Kossuth l. u. 14-16.
1053 Budapest
harmattan@harmattan.hu

L'Harmattan Sénégal
10 VDN en face Mermoz
BP 45034 Dakar-Fann
senharmattan@gmail.com

L'Harmattan Cameroun
TSINGA/FECAFOOT
BP 11486 Yaoundé
inkoukam@gmail.com

L'Harmattan Burkina Faso
Achille Somé – tengnule@hotmail.fr

L'Harmattan Guinée
Almamya, rue KA 028 OKB Agency
BP 3470 Conakry
harmattanguinee@yahoo.fr

L'Harmattan RDC
185, avenue Nyangwe
Commune de Lingwala – Kinshasa
matangilamusadila@yahoo.fr

L'Harmattan Congo
67, boulevard Denis-Sassou-N'Guesso
BP 2874 Brazzaville
harmattan.congo@yahoo.fr

L'Harmattan Mali
Sirakoro-Meguetana V31
Bamako
syllaka@yahoo.fr

L'Harmattan Togo
Djidjole – Lomé
Maison Amela
face EPP BATOME
ddamela@aol.com

L'Harmattan Côte d'Ivoire
Résidence Karl – Cité des Arts
Abidjan-Cocody
03 BP 1588 Abidjan
espace_harmattan.ci@hotmail.fr

L'Harmattan Algérie
22, rue Moulay-Mohamed
31000 Oran
info2@harmattan-algerie.com

L'Harmattan Maroc
5, rue Ferrane-Kouicha, Talaâ-Elkbira
Chrableyine, Fès-Médine
30000 Fès
harmattan.maroc@gmail.com

Nos librairies en France

Librairie internationale
16, rue des Écoles – 75005 Paris
librairie.internationale@harmattan.fr
01 40 46 79 11
www.librairieharmattan.com

Librairie l'Espace Harmattan
21 bis, rue des Écoles – 75005 Paris
librairie.espace@harmattan.fr
01 43 29 49 42

Lib. sciences humaines & histoire
21, rue des Écoles – 75005 Paris
librairie.sh@harmattan.fr
01 46 34 13 71
www.librairieharmattansh.com

Lib. Méditerranée & Moyen-Orient
7, rue des Carmes – 75005 Paris
librairie.mediterranee@harmattan.fr
01 43 29 71 15

Librairie Le Lucernaire
53, rue Notre-Dame-des-Champs – 75006 Paris
librairie@lucernaire.fr
01 42 22 67 13

www.ingramcontent.com/pod-product-compliance
Lightning Source LLC
LaVergne TN
LVHW011010061026
849535LV00006B/1810
* 9 7 8 2 3 4 3 1 6 3 3 7 6 *